中华传统文化推荐读物

书声琅琅 国学诵读本

千字文

原著 南朝梁·周兴嗣
主编 郎建编 王娟
插图 张代华 审校 周慧

天地玄黄 宇宙洪荒 日月盈昃 辰宿列张
寒来暑往 秋收冬藏 闰余成岁 律吕调阳
云腾致雨 露结为霜 金生丽水 玉出昆冈
剑号巨阙 珠称夜光 果珍李柰 菜重芥姜
海咸河淡 鳞潜羽翔 龙师火帝 鸟官人皇
始制文字 乃服衣裳 推位让国 有虞陶唐

中国少年儿童新闻出版总社
中国少年儿童出版社
北京

图书在版编目（CIP）数据

千字文 / 王娟编. -- 北京：中国少年儿童出版社，2014.1（2025.6重印）
（书声琅琅国学诵读系列 / 郎建主编）
ISBN 978-7-5148-1356-2

Ⅰ. ①千… Ⅱ. ①王… Ⅲ. ①古汉语－启蒙读物 Ⅳ. ①H194.1

中国版本图书馆CIP数据核字（2013）第276163号

QIAN ZI WEN

出版发行：	中国少年儿童新闻出版总社 中国少年儿童出版社
执行出版人：	马兴民
责任出版人：	赵海力

策划编辑：何海容		主　　编：郎　建
责任编辑：秦伟霞		责任校对：王玉敏
美术编辑：谭　欣		责任印务：李林溪

社　　址：	北京市朝阳区建国门外大街丙12号	邮政编码：	100022
编辑部：	010-57526443	总编室：	010-57526551
发行部：	010-57526441	官方网址：	www.ccppg.cn
印　　刷：	香河县宏润印刷有限公司		
开　　本：	920mm×650mm　1/16	印　张：	9
版　　次：	2014年1月第1版	印　次：	2025年6月河北第26次印刷
字　　数：	90千字	印　数：	239001—244000册
ISBN 978-7-5148-1356-2		定　价：	19.80元

图书出版质量投诉电话010-57526069，电子邮箱：cbzlts@ccppg.com.cn

编者的话

"欲修大道者,应先修良知良能。"良知良能是指人天赋的道德观念,良知良能即是良心。王阳明说:"见父自然知孝,见兄自然知弟,见孺子入井自然知恻隐,此便是良知。"我们的传统文化中就包含着这些哲理,通过学习传统文化,建立起自己内在的规范、独特的思想、行动的准则,能在自觉自信下做一个堂堂正正的人。

青少年阶段正是世界观、人生观和价值观初步形成的时期,正确的引导显得尤为重要。这个阶段的孩子求知欲强、记忆力好。这个时候,应该让他们把前人的一些经典作品记忆下来,做到烂熟于心,让他们在今后的人生道路上做到"厚积薄发""融会贯通"。这种从记忆,经体验,再到理解、内化的教育模式,是简单、科学、高效的,也是我们应该继承和发扬的。

根据孩子这样的成长、认知特点,我们编辑出版了这套"书声琅琅"国学诵读系列图书。该套书主要的栏目有:诵原文、读注释、看译文、品故事、学知识。以原文大字注音,清朗简洁的排版方式，重点引导孩子诵背原文；合理地编选一些故事，再配上具有连环画风格的插图，让孩子能更好地理解原文。通过诵读和理解，让他们明白更多的做人做事道理，健全完善他们的人格。所有栏目的设置，秉持一个基本的原则：让孩子喜欢、爱读，让家长便于解说、引导。

这套书共8册，主要有传统的"蒙学"经典《三字经》《千字文》《百家姓》《弟子规》，儒家经典选编《论语》《大学·中庸》，还有流传甚广的《增广贤文》（选编）《声律启蒙·笠翁对韵》，都是能够让孩子朗朗上口的诵背读物。

有人说，孩子是一张白纸，在上面能够画出最美的图画。在互联网、移动互联网不断改变人们生活节奏的今天，让孩子从这些基础"国学"图书中汲取营养，让他们"亲近国学，健康成长"吧！

编 者

目录

全文诵读 ·· 001

分段精诵及详解 ·· 015

天地玄黄　宇宙洪荒
日月盈昃　辰宿列张 ································ 017

寒来暑往　秋收冬藏
闰余成岁　律吕调阳 ································ 019
云腾致雨　露结为霜

金生丽水　玉出昆冈
剑号巨阙　珠称夜光 ································ 021

果珍李柰　菜重芥姜
海咸河淡　鳞潜羽翔 ································ 023

龙师火帝　鸟官人皇
始制文字　乃服衣裳 ································ 025

推位让国　有虞陶唐
吊民伐罪　周发殷汤 ································ 027

坐朝问道　垂拱平章
爱育黎首　臣伏戎羌 ································ 029
遐迩一体　率宾归王

鸣凤在竹　白驹食场
化被草木　赖及万方 ································ 031

盖此身发　四大五常
恭惟鞠养　岂敢毁伤 ········· 033
女慕贞洁　男效才良
知过必改　得能莫忘 ········· 035
罔谈彼短　靡恃己长
信使可覆　器欲难量 ········· 037
墨悲丝染　诗赞羔羊
景行维贤　克念作圣
德建名立　形端表正 ········· 040
空谷传声　虚堂习听
祸因恶积　福缘善庆 ········· 042
尺璧非宝　寸阴是竞
资父事君　曰严与敬
孝当竭力　忠则尽命 ········· 044
临深履薄　夙兴温凊
似兰斯馨　如松之盛 ········· 046
川流不息　渊澄取映
容止若思　言辞安定
笃初诚美　慎终宜令 ········· 048
荣业所基　藉甚无竟
学优登仕　摄职从政
存以甘棠　去而益咏 ········· 050

乐殊贵贱	礼别尊卑	
上和下睦	夫唱妇随	052
外受傅训	入奉母仪	
诸姑伯叔	犹子比儿	054
孔怀兄弟	同气连枝	
交友投分	切磨箴规	056
仁慈隐恻	造次弗离	
节义廉退	颠沛匪亏	058
性静情逸	心动神疲	
守真志满	逐物意移	060
坚持雅操	好爵自縻	
都邑华夏	东西二京	
背邙面洛	浮渭据泾	062
宫殿盘郁	楼观飞惊	
图写禽兽	画彩仙灵	
丙舍傍启	甲帐对楹	064
肆筵设席	鼓瑟吹笙	
升阶纳陛	弁转疑星	067
右通广内	左达承明	
既集坟典	亦聚群英	069
杜稿钟隶	漆书壁经	

QIANZIWEN 千字文

府罗将相　路侠槐卿
户封八县　家给千兵 072

高冠陪辇　驱毂振缨
世禄侈富　车驾肥轻 074
策功茂实　勒碑刻铭

磻溪伊尹　佐时阿衡
奄宅曲阜　微旦孰营 076

桓公匡合　济弱扶倾
绮回汉惠　说感武丁 079
俊乂密勿　多士寔宁

晋楚更霸　赵魏困横
假途灭虢　践土会盟 081

何遵约法　韩弊烦刑
起翦颇牧　用军最精 083
宣威沙漠　驰誉丹青

九州禹迹　百郡秦并
岳宗泰岱　禅主云亭 085

雁门紫塞　鸡田赤城
昆池碣石　巨野洞庭 087
旷远绵邈　岩岫杳冥

治本于农　务兹稼穑
俶载南亩　我艺黍稷 089

目 录

税熟贡新　劝赏黜陟

孟轲敦素　史鱼秉直 ················· 091

庶几中庸　劳谦谨敕

聆音察理　鉴貌辨色 ················· 093

贻厥嘉猷　勉其祗植

省躬讥诫　宠增抗极 ················· 095

殆辱近耻　林皋幸即

两疏见机　解组谁逼 ················· 097

索居闲处　沉默寂寥

求古寻论　散虑逍遥 ················· 099

欣奏累遣　戚谢欢招

渠荷的历　园莽抽条 ················· 101

枇杷晚翠　梧桐蚤凋

陈根委翳　落叶飘摇 ················· 103

游鹍独运　凌摩绛霄

耽读玩市　寓目囊箱 ················· 105

易輶攸畏　属耳垣墙

具膳餐饭　适口充肠 ················· 107

饱饫烹宰　饥厌糟糠

亲戚故旧　老少异粮 ················· 109

妾御绩纺　侍巾帷房

纨扇圆絜　银烛炜煌
昼眠夕寐　蓝笋象床 ……………………………………… 111

弦歌酒宴　接杯举觞
矫手顿足　悦豫且康 ……………………………………… 113

嫡后嗣续　祭祀蒸尝
稽颡再拜　悚惧恐惶 ……………………………………… 115

笺牒简要　顾答审详
骸垢想浴　执热愿凉 ……………………………………… 117

驴骡犊特　骇跃超骧
诛斩贼盗　捕获叛亡 ……………………………………… 119

布射僚丸　嵇琴阮啸
恬笔伦纸　钧巧任钓 ……………………………………… 121

释纷利俗　并皆佳妙
毛施淑姿　工颦妍笑 ……………………………………… 124

年矢每催　曦晖朗曜
璇玑悬斡　晦魄环照 ……………………………………… 126

指薪修祜　永绥吉劭
矩步引领　俯仰廊庙
束带矜庄　徘徊瞻眺 ……………………………………… 129

孤陋寡闻　愚蒙等诮
谓语助者　焉哉乎也 ……………………………………… 131

《千字文》是我国古代著名的启蒙教育读本之一，作者是南北朝时期梁朝的周兴嗣。相传三国时期的书法家钟繇曾写过一篇《千字文》，但毁于西晋的动乱之中。后来著名书法家王羲之又重新编过一篇，但文理、音韵皆不佳。梁武帝为教育子侄，命人从王羲之所书写的碑文中拓下一千个不同的字，让周兴嗣编撰出这样一篇教育儿童的长篇韵文。《千字文》由一千个互不重复的汉字组成，四字一句，音韵和谐，前后连贯，全篇并无牵强拼凑的痕迹。全文以儒学理论为纲、穿插诸多常识，内容涵盖自然、历史、政治、军事、文化教育与社会伦理，也可以看作是我国古代写给儿童的一本小百科全书。

千字文

天地玄黄，宇宙洪荒。

日月盈昃，辰宿列张。

寒来暑往，秋收冬藏。

闰余成岁，律吕调阳。

云腾致雨，露结为霜。

金生丽水，玉出昆冈。

剑号巨阙，珠称夜光。

果珍李柰，菜重芥姜。

海咸河淡，鳞潜羽翔。

龙师火帝，鸟官人皇。

始制文字，乃服衣裳。
推位让国，有虞陶唐。
吊民伐罪，周发殷汤。
坐朝问道，垂拱平章。
爱育黎首，臣伏戎羌。
遐迩一体，率宾归王。
鸣凤在竹，白驹食场。
化被草木，赖及万方。
盖此身发，四大五常。
恭惟鞠养，岂敢毁伤。
女慕贞洁，男效才良。

知过必改，得能莫忘。

罔谈彼短，靡恃己长。

信使可覆，器欲难量。

墨悲丝染，诗赞羔羊。

景行维贤，克念作圣。

德建名立，形端表正。

空谷传声，虚堂习听。

祸因恶积，福缘善庆。

尺璧非宝，寸阴是竞。

资父事君，曰严与敬。

孝当竭力，忠则尽命。

临深履薄，夙兴温清。
似兰斯馨，如松之盛。
川流不息，渊澄取映。
容止若思，言辞安定。
笃初诚美，慎终宜令。
荣业所基，藉甚无竟。
学优登仕，摄职从政。
存以甘棠，去而益咏。
乐殊贵贱，礼别尊卑。
上和下睦，夫唱妇随。
外受傅训，入奉母仪。

诸姑伯叔，犹子比儿。
孔怀兄弟，同气连枝。
交友投分，切磨箴规。
仁慈隐恻，造次弗离。
节义廉退，颠沛匪亏。
性静情逸，心动神疲。
守真志满，逐物意移。
坚持雅操，好爵自縻。
都邑华夏，东西二京。
背邙面洛，浮渭据泾。
宫殿盘郁，楼观飞惊。

图写禽兽，画彩仙灵。
丙舍傍启，甲帐对楹。
肆筵设席，鼓瑟吹笙。
升阶纳陛，弁转疑星。
右通广内，左达承明。
既集坟典，亦聚群英。
杜稿钟隶，漆书壁经。
府罗将相，路侠槐卿。
户封八县，家给千兵。
高冠陪辇，驱毂振缨。
世禄侈富，车驾肥轻。

策功茂实，勒碑刻铭。
磻溪伊尹，佐时阿衡。
奄宅曲阜，微旦孰营。
桓公匡合，济弱扶倾。
绮回汉惠，说感武丁。
俊乂密勿，多士寔宁。
晋楚更霸，赵魏困横。
假途灭虢，践土会盟。
何遵约法，韩弊烦刑。
起翦颇牧，用军最精。
宣威沙漠，驰誉丹青。

九州禹迹，百郡秦并。
岳宗泰岱，禅主云亭。
雁门紫塞，鸡田赤城。
昆池碣石，巨野洞庭。
旷远绵邈，岩岫杳冥。
治本于农，务兹稼穑。
俶载南亩，我艺黍稷。
税熟贡新，劝赏黜陟。
孟轲敦素，史鱼秉直。
庶几中庸，劳谦谨敕。
聆音察理，鉴貌辨色。

贻厥嘉猷，勉其祗植。
省躬讥诫，宠增抗极。
殆辱近耻，林皋幸即。
两疏见机，解组谁逼。
索居闲处，沉默寂寥。
求古寻论，散虑逍遥。
欣奏累遣，戚谢欢招。
渠荷的历，园莽抽条。
枇杷晚翠，梧桐蚤凋。
陈根委翳，落叶飘摇。
游鹍独运，凌摩绛霄。

耽读玩市，寓目囊箱。

易輶攸畏，属耳垣墙。

具膳餐饭，适口充肠。

饱饫烹宰，饥厌糟糠。

亲戚故旧，老少异粮。

妾御绩纺，侍巾帷房。

纨扇圆絜，银烛炜煌。

昼眠夕寐，蓝笋象床。

弦歌酒宴，接杯举觞。

矫手顿足，悦豫且康。

嫡后嗣续，祭祀烝尝。

稽颡再拜，悚惧恐惶。
笺牒简要，顾答审详。
骸垢想浴，执热愿凉。
驴骡犊特，骇跃超骧。
诛斩贼盗，捕获叛亡。
布射僚丸，嵇琴阮啸。
恬笔伦纸，钧巧任钓。
释纷利俗，并皆佳妙。
毛施淑姿，工颦妍笑。
年矢每催，曦晖朗曜。
璇玑悬斡，晦魄环照。

zhǐ xīn xiū hù　　　yǒng suí jí shào
指　薪　修　祜　，　永　绥　吉　劭　。

jǔ bù yǐn lǐng　　　fǔ yǎng láng miào
矩　步　引　领　，　俯　仰　廊　庙　。

shù dài jīn zhuāng　pái huái zhān tiào
束　带　矜　庄　，　徘　徊　瞻　眺　。

gū lòu guǎ wén　　　yú méng děng qiào
孤　陋　寡　闻　，　愚　蒙　等　诮　。

wèi yǔ zhù zhě　　　yān zāi hū yě
谓　语　助　者　，　焉　哉　乎　也　。

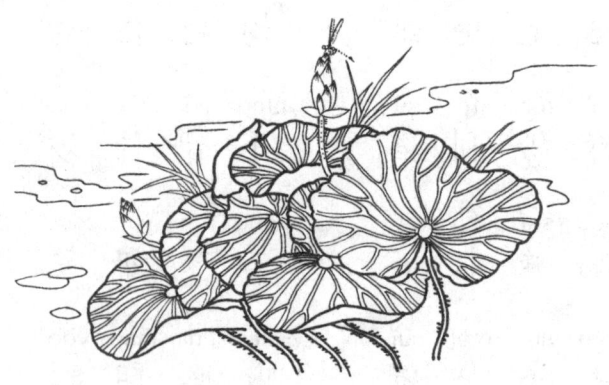

分段精诵及详解

《千字文》分为四个部分，从第一句"天地玄黄"开始，至第三十六句"赖及万方"为第一部分；从第三十七句"盖此身发"开始，至第一百零二句"好爵自縻"为第二部分；自第一百零三句"都邑华夏"起，至第一百六十二句"岩岫杳冥"为第三部分；自第一百六十三句"治本于农"起，至第二百四十八句"愚蒙等诮"为第四部分。最后还有两句"谓语助者，焉哉乎也"，没有特别含义，将其单列出来。

　　第一部分从天地开辟讲起。有了天地，就有了日月、星辰、云雨、霜雾和四时寒暑的变化；也就有了孕生于大地的金玉、铁器（剑）、珍宝、果品、菜蔬，以及江河湖海，飞鸟游鱼；天地之间也就出现了人和时代的变迁。在此，《千字文》讲述了人类的早期历史和商汤、周武王时盛世的表现。

　　第二部分重在讲述人的修养标准和原则，也就是修身功夫。指出人要孝亲，珍惜父母传给的身体，做人要"知过必改"，讲信用，保持纯真本色，树立良好的形象和信誉，接着对忠、孝和人的言谈举止、交友等方面进行了深入的阐述。

　　第三部分讲述与统治有关的各方面问题。首先讲到京城形盛，极力描绘了都邑的壮丽，接着谈到京城之中汇集了丰富的典籍和大批的英才。叙述了上层社会的豪华生活和他们的文治武功。最后描述了国家疆域的广阔和风景的秀美。

　　第四部分主要描述恬淡的田园生活，赞美了那些甘于寂寞、不为名利羁绊的人们，对民间温馨的人情向往之至。

千字文

tiān dì xuán huáng　　yǔ zhòu hóng huāng
天 地 玄 黄 ，宇 宙 洪 荒 。
rì yuè yíng zè　　chén xiù liè zhāng
日 月 盈 昃 ，辰 宿 列 张 。

注释

玄：青黑色，天的颜色。
宇宙："上下四方"为宇，"古往今来"为宙，宇宙为无限时空的总称。
洪荒：混沌苍茫的样子。　　**盈**：月光圆满。
昃：太阳西斜。
宿：古代将天空中某些星的集合体叫作"宿"。

译文

　　天是青黑色的，地是黄色的，宇宙初成时，一片混沌苍茫。太阳正了又斜，月亮圆了又缺，漫天的星辰遍布辽阔的天穹。

故事

盘古开天辟地

　　在遥远的古代，宇宙好像一颗硕大无比的鸡蛋，里面一片漆黑混沌，没有天地之分，在这样的世界中，孕育了一位伟大的英雄，他的名字叫盘古。
　　盘古在混沌的宇宙"鸡蛋"中沉睡了一万八千多年，终于苏醒过来。他不愿意在这种黑暗混浊的环境中忍辱生存，于是随手操起一把巨大而锋利的斧头，使出浑身气力，大吼一声，奋力挥舞起来。

一阵巨响过后，"鸡蛋"被劈开了，里面清而轻的东西升到高处，变成苍天；那些浊而重的东西下沉，变成大地。

但是，盘古还是担心天地会重新合在一起，恢复原态，于是他叉开双腿，稳稳地踩在地上，他高昂的头颅，顶住天空。随后，当盘古的身体长高一丈，天空就随之增高一丈，大地也增厚一丈。经过一万八千多年，盘古变成一位顶天立地的巨人，而天空也升得高不可及，大地也变得厚实无比。

盘古死后，他把整个身体贡献出来：左眼变成太阳，右眼变成月亮，头发变成点点繁星，四肢和身躯变成三山五岳，血液变成江河湖海，肌肉变成沃野，骨骼变成树木花草……

千字文

hán　lái　shǔ　wǎng　　qiū　shōu　dōng　cáng
寒 来 暑 往 ， 秋 收 冬 藏 。

rùn　yú　chéng　suì　　lǜ　lǚ　tiáo　yáng
闰 余 成 岁 ， 律 吕 调 阳 。

yún　téng　zhì　yǔ　　lù　jié　wéi　shuāng
云 腾 致 雨 ， 露 结 为 霜 。

注释

寒来暑往：指四季的更替循环。
秋收冬藏：泛指一年中的农事活动。　　**闰余**：指闰日和闰月。
律吕：中国古代将一个八度分为十二个不完全相等的半音，从低到高依次排列，每个半音称为一律，其中奇数各律叫作"律"，偶数各律叫作"吕"，总称"六律""六吕"，简称"律吕"。相传黄帝时伶伦制乐，用律吕以调阴阳。
调阳：调节阴阳。阳在这里指阴阳。

译文

　　一年四季，春夏秋冬，寒暑循环变换；人们在秋天收割庄稼，在冬天储藏食物。生活与劳作按自然节令而行。历法纪年，用闰日闰月来调整。"六律""六吕"分别与十二个月相对应，调时序合阴阳。云气蒸腾，遇冷就形成了雨；夜里的露水遇冷就凝结成冰霜。

神农播五谷

神农氏是古代三皇之一，也是中国农业的奠基人。他生活的年代，处于原始的狩猎时期，人们靠猎取野兽来填饱肚子。

他当了部落首领以后，非常担心时间长了，野兽会被捕尽，人们无法生活，就一直想找一种替代食物。

一次，他用一种野草做燃料烤肉时，忽然从里面蹦出几粒白花花的东西来，他捡起一粒尝了一下，香脆可口，原来这白花花的东西是那植物的种子。

受到这个事情的启发，他搜集来很多植物的种子，用它们做实验。最后，发现从中选出一些味道好的品种加以种植，农作物就这样被发现了。

其中，稻子、高粱、豆子、麦子、黄米、小米等谷类，对我们人类来说尤其重要，古人称这六种主要的农作物为"六谷"。不过现在人们已经习惯将人类食用的主粮称为"五谷"。

中国古代十大名曲

《高山流水》《梅花三弄》《夕阳箫鼓》《汉宫秋月》《渔樵问答》《胡笳十八拍》《广陵散》《阳春白雪》《平沙落雁》《十面埋伏》

金生丽水，玉出昆冈。
剑号巨阙，珠称夜光。

注释

丽水：即金沙江，出产黄金。　　**昆冈**：昆仑山。

巨阙：剑名。相传越王允常命欧冶子铸造了五把宝剑，第一把剑名为巨阙，其余依次名为纯钧、湛泸（zhàn lú）、莫邪（mò yé）、鱼肠，这五把宝剑全都锋利无比。

夜光：《搜神记》中说，隋侯救了一条受伤的大蛇，后来大蛇衔了一颗珍珠来报答他的恩情，那珍珠夜间放射出的光辉能照亮整个殿堂，因此人称"夜光珠"。

译文

金沙江一带出产黄金，昆仑山上出产美玉。最著名的锋利宝剑是"巨阙"，最贵重的宝珠是"夜光"明珠。

故事

隋侯珠

相传西周时，南方有个小国的诸侯叫隋侯。

有一天，隋侯带人出巡封地，他们一行人来到溠水边，在河边的沙丘上看到一条大蛇受了重伤，几乎断为两半，马上就要死了。隋侯看到这条快要死的蛇，觉得它很是可怜，就立刻吩咐随从的人给蛇上药。慢慢地，蛇可以行走了，隋侯就将它带到有水草的地方放生了。

一年以后，这条大蛇衔了一颗明珠来报恩。这颗明珠的直径足足有一寸，颜色洁白，硕大浑圆，熠熠生辉，照得满室通明。

原来这条大蛇是龙王的儿子。这颗宝珠后来被称为"隋侯珠"，也叫"灵蛇珠"。

中国古代十大名剑

承影剑、纯钧剑、鱼肠剑、干将剑、莫邪剑、七星龙渊剑、泰阿剑、赤霄剑、湛泸剑、轩辕夏禹剑。

千字文

guǒ zhēn lǐ nài　　cài zhòng jiè jiāng
果珍李柰，菜重芥姜。
hǎi xián hé dàn　　lín qián yǔ xiáng
海咸河淡，鳞潜羽翔。

注释

柰：果木名，花白色，果小。俗称花红，也叫沙果。
鳞：泛指鱼类。　　**羽**：泛指鸟类。

译文

水果中的珍品是李子和花红，最重要的蔬菜是芥菜和生姜。海水是咸的，江河水是淡的；鱼儿在水中潜游，鸟儿在天空中飞翔。

故事

精卫填海

相传远古时，有个部落的首领叫炎帝，他有一个可爱的小女儿，名叫女娃。父亲炎帝很疼爱她，但他整日要为百姓操劳奔波，很少有时间陪伴女儿。女娃很小的时候，就想到东海去看一看，她多次央求父亲。可是，父亲实在太忙了，没能带她去。

有一天，她独自驾着一条小船，向着东海的深处划去。划着划着，小船离陆地越来越远。原本晴朗的天空上，渐渐地布满了乌云。一声霹雳，狂风伴着暴雨袭来。

滔天的大浪,把女娃和小船一起吞没。

当女娃遇难的消息传来,乡亲们十分悲痛。他们来到海边,含着眼泪,一次次地呼喊着女娃的名字。这时,海上飞来了一只小鸟,长着花脑壳、白色的小嘴、红红的脚。小鸟在乡亲们的头上盘旋着,不断地发出"精卫""精卫"的叫声,好像在呼喊,又好像在哭泣。小鸟转身飞向树林,不一会儿,叼着一根树枝飞向大海。它将树枝投在海里,又飞回树林,叼来树枝,投进大海。

原来,这只小鸟就是女娃变成的。她下定决心,想把大海填平。

五谷

古代所指的五种谷物:稻、黍、稷、麦、菽。

lóng shī huǒ dì　　niǎo guān rén huáng
龙师火帝，鸟官人皇。
shǐ zhì wén zì　　nǎi fú yī cháng
始制文字，乃服衣裳。

注释

龙师：相传伏羲氏用龙给百官命名，因此叫他"龙师"。
火帝：神农氏用火给百官命名，因此叫他"火帝"。
鸟官：少昊（hào）氏用鸟给百官命名，因此叫他"鸟官"。
人皇：即黄帝，以云为百官命名。
始：开始。　　**乃**：又。

译文

伏羲氏被称为龙师，神农氏被称为火帝，少昊氏被称为鸟官，轩辕黄帝又称人皇，这些人都是上古时代的著名人物。黄帝的史官仓颉（jié）创造了文字，黄帝的妻子嫘（léi）祖制作并教人民穿上衣裳。

故事

仓颉造字

仓颉，黄帝时史官，相传他有"双瞳四目"。目有重瞳，表明他是个洞明世事的人。

有一年，仓颉出外巡狩，来到一条大河边，忽然看见一只大乌龟，乌龟背上面有许多青色花纹。仓颉看了觉得稀奇，就取来细细研究。他看来看去，发现龟背上的花纹竟然有意义。他想花纹既然能表示意义，如果定下一个规则，岂不是人人都可用来传达心意，记载事情吗？

这样，仓颉日思夜想，到处观察，看尽了天上星宿的分布情况、地上山川脉络的样子、鸟兽虫鱼的痕迹、草木器具的形状。他描摹绘写，造出种种不同的符号，并且定下了每个符号所代表的意义。他按自己的心意用符号拼成几段，写给人看，经他解说，别人也就看得明白。仓颉把这种符号叫作"字"。

在此以前，人们结绳记事，即大事打一大结，小事打一小结，相连的事打一连环结。后又发展到用刀子在木竹上刻以符号作为记事。随着历史的发展，文明渐进，事情越来越繁杂，名物也越来越多，用打结和刻木的方式，远不能适应需要，仓颉造字解决了人们很多的实际问题，他后来被尊为"造字圣人"。

推位让国，有虞陶唐。
吊民伐罪，周发殷汤。

注释

推位：推让君位。
有虞：有虞氏，远古部落名，舜是它的首领。这里指舜，又称虞舜。
陶唐：陶唐氏，远古部落名，尧是它的首领。这里指尧，又称唐尧。
吊：抚慰，安抚。　　**罪**：犯罪的人。
周发：西周的第一个君主武王姬（jī）发，他讨伐暴君商纣王而建立周朝。
殷汤：商朝又称殷，成汤是第一个君主，他讨伐夏朝暴君桀（jié）而建立商朝。

译文

虞舜、唐尧是上古英明无私的领袖，主动把君位禅让给有才德的人来治理天下。安抚苦难中的百姓，讨伐罪恶的暴君，最著名的有周武王姬发伐纣和商王成汤讨伐夏桀。

故事

尧禅位舜

尧是上古时代有名的帝王，他在位七十年，认为儿子丹朱不成器，决定从民间选用贤良之材。

尧问四方诸侯首领："谁能担负起天子的重任？"四方诸侯首领说："有个单身汉，在民间，名叫虞舜。"于是，尧微服私访，来到历山一带，他听说舜在田间耕地，便到了田间。只见一个青年，身材魁伟、体阔神敏，正聚精会神地耕地，犁前驾着一头黑牛、一头黄牛。奇怪的是，这个青年从不用鞭打牛，而是在犁辕上挂一个簸箕，隔一会儿，敲一下簸箕，吆喝一声。尧等舜犁到地头，便问："耕夫都用鞭打牛，你为何只敲簸箕不打牛？"舜见有老人问，拱手以揖答道："牛为人耕田出力流汗很辛苦，再用鞭打，于心何忍！我打簸箕，黑牛以为我打黄牛，黄牛以为我打黑牛，就都卖力拉犁了。"尧一听，觉得这个青年有智慧，又有善心，对牛尚如此，对百姓就更有爱心。

尧又与舜谈了一些治理天下的问题。舜的谈论明事理，晓大义，不是一般凡人之见。尧先让舜在朝中做虞官，试舜三年后，就让舜代其行天子之政，并把帝王的位子禅让给舜。尧让位二十八年后死去。

坐朝问道，垂拱平章。
爱育黎首，臣伏戎羌。
遐迩一体，率宾归王。

注释

朝：朝堂。　　道：治国的道理。
垂拱：垂衣拱手，指无为而治。
平章：平指太平。章：彰明，显著。　　黎首：代指百姓。
臣伏：俯首称臣。　　戎羌：代指少数名族。
遐迩：指远近。　　率宾：都服从。

译文

古代贤明的君王在朝堂上与大臣们商讨治国之道，垂衣拱手，毫不费力就能使天下太平，功德彰著。他们爱抚、体恤老百姓，使远方各民族的人俯首称臣。普天之下统一成了一个整体，四方诸侯率领百姓归顺贤明的君王。

故事

周公吐哺

周武王去世后，周成王尚在襁褓之中，无法处理朝政国事。

武王的弟弟周公担心天下人听说武王已死而背叛朝廷，就代替成王处理政务，主持国家大权。管叔和他的几个弟弟在国中散布流言说："周公将对成王不利。"周公就告诉太公望、召公奭（shì）说："我之所以不避嫌疑代理国政，是怕天下人背叛周室，没法向我们的先王交代。他们为天下大业忧劳终生，现在才刚刚成功。武王却早逝，成王尚且年幼，我这样做只是为了完成稳定周朝的大业。"

　　周公辅政的时候，唯恐失去天下贤人。为了及时接待贤士，他洗一次头，曾多次握着尚未梳理的头发；吃一顿饭，也数次吐出口中食物。他宁愿改变自己的生活节奏，也不愿怠慢天下贤士。他这样做成为后世为政的典范，"周公吐哺，天下归心"就是对他的赞誉。

成康之治

国学知识

"成康之治"是指西周时周成王、周康王相继在位的四十余年间所形成的安定强盛的政治局面。周成王及其子周康王继承文王和武王的功业，务从节俭，克制寡欲，缓和矛盾。又令周公制礼作乐，创立和推行王朝的各种典章制度，大规模进行自周武王时就开始的分封制。以宗法血缘关系为纽带，建立起周天子统辖下的地方行政系统，成康时代的诸侯，均由中央直接控制。康王之时，周还曾命诸侯征讨淮夷、东夷，加强对异邦的控制。成康时期，是周朝最为强盛的阶段，这时期，天下安宁，刑具四十余年不曾动用。

千字文

<ruby>鸣<rt>míng</rt></ruby> <ruby>凤<rt>fèng</rt></ruby> <ruby>在<rt>zài</rt></ruby> <ruby>竹<rt>zhú</rt></ruby>，<ruby>白<rt>bái</rt></ruby> <ruby>驹<rt>jū</rt></ruby> <ruby>食<rt>shí</rt></ruby> <ruby>场<rt>chǎng</rt></ruby>。
<ruby>化<rt>huà</rt></ruby> <ruby>被<rt>bèi</rt></ruby> <ruby>草<rt>cǎo</rt></ruby> <ruby>木<rt>mù</rt></ruby>，<ruby>赖<rt>lài</rt></ruby> <ruby>及<rt>jí</rt></ruby> <ruby>万<rt>wàn</rt></ruby> <ruby>方<rt>fāng</rt></ruby>。

注释

驹：小马。　　化：仁德教化。
被：覆盖。　　赖：恩泽。

译文

凤凰在竹林中欢乐地鸣叫，小白马在草场上自在地吃草。圣君贤王的仁德之治让草木都得到恩惠，他们的恩泽遍及天下百姓。

故事

白驹过隙

相传孔子很敬重老子。有一次，他专程去请教老子，孔子很恭敬地说："先生学问高深，今天趁您有闲工夫，请给我讲讲道的学问吧！"

老子说："你想问道的学问，必须先去杂念，清净精神，心迹专诚，洗涤身心，然后才能听讲玄道，不过今天我先粗略地给你说一说吧！我先说人吧，人活在天地之间，时间是十分短促的，好像骏马驰过狭窄的空隙，一闪而过。世上的事情，总在不停地变化，生的生，死的死，生了死，死了生。生死往来皆是有变化的，本是不足以为奇的，可是对于死，人们却感到悲伤，这是人还被生死的观念所束缚。如果将死看成骨肉埋在地下，精神离散于天空，变成无形的东西，这便是从有形归之无形，也就没什么可以感到悲哀的了。道这个东西，不可以多问，关键在于领会它的妙处，真正弄懂了，就能深得其奥秘……"

"人生天地之间，若白驹之过隙，忽然而已。"这就是成语"白驹过隙"的典故。

凤 凰

中国古代传说中的百鸟之王，与龙同为汉民族图腾。形象特征是：鸡头，燕颔，蛇颈，龟背，鱼尾，五彩色，高六尺左右。凤凰是雌雄统称，雄为凤，雌为凰，总称为凤凰。古人认为时逢太平盛世，便有凤凰飞来，凤凰来仪象征祥瑞。

千字文

gài cǐ shēn fà　　sì dà wǔ cháng
盖此身发，四大五常。
gōng wéi jū yǎng　　qǐ gǎn huǐ shāng
恭惟鞠养，岂敢毁伤。

注释

盖：发语词，无实义。　　**四大**：佛教以地、水、风、火为四大。
五常：指仁、义、礼、智、信，这是儒家基本伦理规范。
恭惟：恭敬地思考。　　**鞠养**：抚养，养育。

译文

人的身体发肤分属于"四大"，一言一行都要符合伦理纲常。当人们恭敬地想着父母的养育之恩时，哪里还敢毁坏损伤自己的身体？

故事

曾子有疾

曾子，春秋末年鲁国人。十六岁拜孔子为师，他勤奋好学，是真正领悟了孔子思想的弟子。他很好地继承和传播了孔子的学说。

曾子从小就非常的孝顺，他年老的时候，有一次病得很厉害，在昏迷醒来后，他焦急地问身边的人："我的四肢还好吧？"他身边的人都很奇怪，不知道他为什么要这么问。曾子解释说:"我们的身体是父母给的,可不能有什么损伤啊!否则我就没有脸面去见我的父母了。"

他认为,身体发肤都是父母给的,即使是死了,也要完整,这样才对得起父母的养育之恩。他的孝道观影响中国两千多年。

三纲五常

国学知识

三纲即"君臣义""父子亲""夫妇顺",五常指"仁、义、礼、智、信"。这是中国儒家伦理文化的基本架构。"三纲五常"之说源于西汉董仲舒的《春秋繁露》一书,但"三纲五常"最早的渊源还是始于孔子。

千字文

nǚ mù zhēn jié　　nán xiào cái liáng
女 慕 贞 洁， 男 效 才 良。
zhī guò bì gǎi　　dé néng mò wàng
知 过 必 改， 得 能 莫 忘。

注释

慕：仰慕。　　效：仿效。

得能：学得了某种技能。

译文

女子要仰慕那些持身严谨的贞妇洁女，男子要仿效那些有才能、有仁德的人。当人们知道自己有过错时，一定要改过自新；学到了某种知识技能，就不要轻易地把它遗忘。

故事

罗敷有夫

汉朝的时候，有个叫罗敷的女子，长得非常的美丽。每天，当太阳从东南升起的时候，她就梳妆打扮得整整齐齐，到城南的田间去采摘桑叶。路上，来来往往的行人都被罗敷的美貌惊呆了。

有一天，当地的太守坐着马车从路边经过，看中了他的美貌，就派人问这是谁家的女子，年龄多大。罗敷一一做了回答。使者又说："太守看上了你，你是否愿意与他同车回去？太守有豪华的官邸，成群的奴仆，锦衣玉食，保准让你欢喜。"

罗敷听后不为所动，反而严厉地斥责了太守和他的使者："我已经有了丈夫，他也在朝中为官，他对我体贴入微，有一次在宴会上，在座的人都称赞我丈夫的与众不同呢！"罗敷的话让那个太守无地自容，灰溜溜地走了。

罗敷的美貌贞洁让后人敬慕不已。

四大美女

西施、王昭君、貂蝉、杨玉环并称为中国古代四大美女。其中西施居首，是美的化身和代名词。四大美女享有"沉鱼落雁之容，闭月羞花之貌"。"沉鱼、落雁、闭月、羞花"这里面有一个个精彩的历史典故。

wǎng tán bǐ duǎn　　mǐ shì jǐ cháng
罔谈彼短，靡恃己长。
xìn shǐ kě fù　　qì yù nán liáng
信使可覆，器欲难量。
mò bēi sī rǎn　　shī zàn gāo yáng
墨悲丝染，诗赞羔羊。

注释

罔：无，不，没有。　　靡：不要。
恃：依赖，依仗。　　覆：验证。
器欲：气度，心胸。
墨：墨子，名翟。战国初期思想家，墨家学派创始人。他看见匠人把白丝放进染缸里染色，悲叹道："染于苍则苍，染于黄则黄。"强调人要注意抵御不良环境的影响，保持天生的善性。
诗赞羔羊：《诗经·召南·羔羊》："羔羊之皮，素丝五纥。"通过咏羔羊毛色的洁白如一，来赞颂君子的"节俭正直，德如羔羊。"

译文

不要谈论别人的短处，也不要依仗自己有长处就不思进取。为人要守信诚实，经得起考验，心胸气度要开阔宏大得让人难以估量。墨子悲叹白丝被染上了杂色，《诗经》赞颂羔羊能始终保持洁白如一。

祁黄羊荐贤

春秋时代,晋国有个官员叫祁黄羊。一天,晋平公问祁黄羊:"南阳缺个县官,你看让谁当合适呢?"祁黄羊毫不迟疑地回答说:"叫解狐去最合适了。他一定能管理好。"平公觉得很是奇怪,问道:"解狐不是你的仇人吗?你为什么要推荐他呢?"祁黄羊说:"国君只问我什么人合适,并没有问谁是我的仇人哪!"

依照祁黄羊说的话,平公就派解狐去上任。解狐在那里干了很多好事,深受南阳百姓爱戴。

又一次,平公又问祁黄羊:"朝廷缺个法官,你看让谁当好呢?"

祁黄羊说:"祁午能担任这个职务。"

平公又奇怪起来了，他说："祁午不是你的儿子吗？你怎么推荐起自己的儿子来了呢？"

祁黄羊回答说："您只问我谁能担当这个职务，并没有问谁是我的儿子呀！"

平公听了祁黄羊的话，就派祁午上任，祁午做了法官，秉公执法，赏罚分明，得到了人们的称赞。

祁黄羊推荐人，完全是以品行和才干作标准的，他并不因为解狐是自己的仇人，心里恨他，就不推荐他；也不因为祁午是自己的儿子，怕人家议论，就不推荐他。像祁黄羊这样的人，真是大公无私啊！

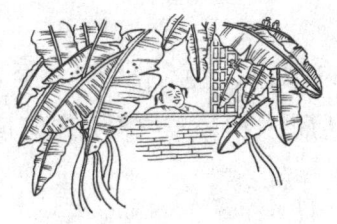

学知识

- 《圣经》上说："起初，神创造天地。"
- 中国古代最早的"盖天说"认为：天是圆形的，像一把张开的大伞覆盖在地上；地是方形的，像一个棋盘，日月星辰则像爬虫一样过往于天空。
- "大爆炸宇宙论"认为：宇宙是由一个致密炽热的奇点于一百三十七亿年前一次大爆炸后膨胀形成的。宇宙体系在不断地膨胀，使物质密度从密到稀地演化。

jǐng xíng wéi xián　　kè niàn zuò shèng
景行维贤，克念作圣。
dé jiàn míng lì　　xíng duān biǎo zhèng
德建名立，形端表正。

注释

景：仰慕。　　行：行为。
克：克制。　　念：私念。
德建：树立高尚的德行。　　表正：仪表端正。

译文

要仰慕圣贤的德行，克制私欲，努力成为圣贤之人。养成了好的道德品质，自然会有好的名声；就如同形体端庄了，仪表就端正一样。

故事

魏照拜师

郭泰是东汉末年著名的学者，不但博古通今，而且为人忠厚正直，当时许多的读书人都拜他为师。

他有一个学生叫魏照，他来到学堂，把行李也一起搬来。白天在学堂听讲，晚上和郭泰一同吃住。郭泰就问他："别的人拜我为师，是为了学知识，课一讲完，他们就回家了，你为什么要这样早晚都跟着我呢？"魏照诚恳地说:"现在找一个能够教我知识的老师比较容易,找一个教我怎样做人的老师却很难。我与您住在一起,是想跟您学习为人处世的道理,感受和学习您高尚的品格。"

郭泰听了,非常高兴,觉得魏照是个可塑之材,于是尽心培养他,最终,魏照也成了一个知识渊博、志气高远的人。

三教九流

泛指中国古代的宗教与各种学术流派,是中国古代对人的地位和职业名称划分的等级。也泛指社会上各种行业、各色人物。其中三教指:儒教、释教、道教。九流指:儒家、道家、阴阳家、法家、名家、墨家、杂家、农家、纵横家。

空谷传声，虚堂习听。
祸因恶积，福缘善庆。
尺璧非宝，寸阴是竞。

注释

虚堂：空旷的厅堂。　　**习听**：回声引起的重听。习，重复。
祸：灾祸。　　**缘**：由于。
庆：回报。　　**竞**：追逐，抓住。

译文

空旷的山谷中能将声音传得很远，空荡的厅堂里说话有回声。灾祸是作恶多端的结果，福禄是乐善好施的回报。即使是一尺长的美玉也不能算是真正的宝贝，而即便是片刻时光也是值得珍惜的。

故事

凿壁借光

西汉时，有个穷人家的孩子叫匡衡，他非常勤奋好学，但是他家里很穷，白天他必须干许多活，挣钱糊口。只有晚上，他才能坐下来安心读书。不过，他又买不起蜡烛，天一黑，就无法看书了。看到这时间被白白地浪费掉，匡衡内心非常痛苦。

匡衡的邻居家很富有，一到晚上好几间屋子都点起蜡烛，把屋子照得通亮。一天，匡衡鼓起勇气，对邻居说："我晚上想读书，可买不起蜡烛，能否借用你们家的一寸之地呢？"邻居一向瞧不起比他们家穷的人，就挖苦说："既然穷得买不起蜡烛，还读什么书呢！"匡衡听后很气愤，他更加下定决心，一定要把书读好。

匡衡回到家中，悄悄地在墙上凿了个小洞，邻居家的烛光就从这洞中透过来了。他借着这微弱的光线，如饥似渴地读起书来，渐渐地把借来的书全都读完了。

匡衡读完这些书，深感自己所掌握的知识是远远不够的，他想继续多看一些书的愿望更加迫切了。附近有个大户人家，有很多藏书。一天，匡衡卷着铺盖出现在这个大户人家门前。他对主人说："请您收留我，我给您家里白干活不要报酬。只是让我阅读您家的全部书籍就可以了。"主人被他的精神所感动，答应了他的要求。

匡衡就是这样珍惜光阴、勤奋学习，后来他做了丞相，成了有名的学者。

zī fù shì jūn，yuē yán yǔ jìng
资父事君，曰严与敬。
xiào dāng jié lì，zhōng zé jìn mìng
孝当竭力，忠则尽命。

注释

资：奉养，供养。　　事：侍奉。

译文

奉养父母，侍奉君主，要怀有敬畏、恭敬的心。孝顺父母应当竭尽全力，忠于君主要不惜献出生命。

故事

文天祥

南宋民族英雄文天祥，在民族危急的关头号召各地起兵抗敌，誓死卫国，后来兵败被俘，坐了三年土牢，他多次严辞拒绝了敌人的劝降。

一天，元世祖忽必烈亲自来劝降，对他许以丞相之职。文天祥毫不动摇，他斩钉截铁地对忽必烈说："我唯有以死报国，一无所求。"

临刑前，监斩官凑近他说："文丞相，你现在改变主意，不但可免一死，还是依然可当丞相。"文天祥怒喝道："死便死，还说什么鬼话！"他问监斩官："哪边是南方？"

千字文

有人给他指了方向，文天祥向南方跪拜，说："我的事情完结了，心中无愧了！"于是引颈就刑，从容就义。

文天祥死后，人们在他的衣带中发现一首诗："孔曰成仁，孟曰取义，唯其义尽，所以仁至。读圣贤书，所学何事？而今而后，庶几无愧。"文天祥死时年仅四十七岁。

岳家军

知识 南宋初年岳飞领导的抗金军队，以牛皋、董先各部义军为主干，后陆续收编杨幺等农民军部众，吸收山东两河忠义社梁兴、李宝等，汇成大军。岳飞申明纪律，加强训练。岳家军号称"冻死不拆屋，饿死不掳掠"，当时，在金贵族中就流传着"撼山易，撼岳家军难"的说法。

临深履薄，夙兴温凊。
似兰斯馨，如松之盛。
川流不息，渊澄取映。

注释

临深履薄：说明态度极其谦恭谨慎，"如临深渊，如履薄冰"。
夙：早晨。　　**温凊**：使凉快。
渊澄取映：比喻水清澈可以映物。渊，静止的水。澄，清。

译文

　　侍奉君主要"如临深渊，如履薄冰"那样小心谨慎；孝敬父母，要早起晚睡，让他们感到冬暖夏凉。要培养自己的德行，使它像兰花那样的清香，像松柏那样的四季常青。好的德行还像江河水那样永不停息，影响世人，像清澈的潭水那样可以照人。

故事

黄香温席

　　东汉时，在江夏有个名叫黄香的孩子，他九岁的时候，母亲去世了，他非常想念他的母亲，乡里人都称赞他是个孝顺的孩子。

黄香对父亲也很孝顺。父亲体弱多病，黄香便主动承担家务，辛勤劳作，照顾父亲。

夏天，天气炎热，晚上屋里还会有蚊子，使人难以入睡。为了让父亲休息好，黄香晚上总是先用扇子替父亲把席子扇凉，赶走蚊子，才让父亲躺下，使父亲能早点入睡。

冬天，屋外寒风刺骨，屋内被褥冰冷，黄香怕父亲受凉，在睡觉前，先用自己的体温为父亲把被窝暖热，再让父亲上床睡觉。

黄香长大后，朝廷觉得他是个人才，让他担任魏郡太守。有一年，魏郡遭受特大水灾，百姓苦不堪言。黄香拿出自己的钱财赈济灾民，百姓没有不感动的。

黄香的事迹在当时就流传得很广，号称"天下无双，江夏黄童"。

róng zhǐ ruò sī, yán cí ān dìng
容止若思,言辞安定。
dǔ chū chéng měi, shèn zhōng yí lìng
笃初诚美,慎终宜令。
róng yè suǒ jī, jí shèn wú jìng
荣业所基,藉甚无竟。

注释

容止：容貌举止。　　**若思**：沉静安详。
笃：忠实。　　**令**：美好。
基：基于,依靠。　　**藉**：作衬垫的东西,凭借。

译文

仪容举止要沉静安详,言语措辞要稳重,显得从容安定。无论修身、求学,重视开头固然不错,认真去做,有好的结果更为重要。这是人一生荣誉和事业的基础,有此根基,发展就会没有止境。

故事

王纮出语惊人

北朝时,有个清正廉洁、敢于直言的大臣,名叫王纮。

王纮年少时就爱好广泛,天性机智敏捷,应对灵活。十三岁时,他见到扬州刺史郭元贞。郭元贞拍拍他的肩膀问:"你读什么书?"他回答说:"诵读《孝经》。"郭元贞又问:"《孝经》讲的是什么?"王纮说:"地位在上的不骄纵,地位在下的不作乱。"郭元贞再说:"我做刺史,难道骄纵吗?"王纮答道:"您虽然不骄纵,然而君子防患于未然,也希望您留意此事。"郭元贞对他称赞有加。

十五岁时,他跟随父亲去拜会父亲的上司侯景,当时侯景正和人谈论掩衣襟的方法是应当向左,还是应当向右。王纮觉得这样的争论很无聊,于是走上前说:"国家帝王即位于北方荒野之地,却称雄中原,五帝三王的礼仪、制度各自不同。衣襟向左或向右掩,哪里值得谈论它的是与非?"侯景惊奇他年少聪明,语出惊人,不但没有怪罪他,反而赐给他名马和弓箭。

xué yōu dēng shì　　shè zhí cóng zhèng
学优登仕，摄职从政。
cún yǐ gān táng　　qù ér yì yǒng
存以甘棠，去而益咏。

注释

学优：《论语》中有"学而优则仕"之语。　**摄**：代理。
甘棠：木名。即棠树。《史记·燕召公世家》："周武王之灭纣，封召公于北燕……召公巡行乡邑，有棠树，决与政事其下，自侯伯至庶人各得其所，无失职者。召公卒，而民人思召公之政，怀棠树不敢伐，哥咏之，作《甘棠》之诗。"后遂以"甘棠"称颂循吏的美政和遗爱。

译文

学业优秀就能做官，可以行使职权参加国政。周人怀念召公的德政，召公活着时曾在甘棠树下理政，他过世后老百姓对他更加怀念歌咏。

故事

范仲淹划粥苦读

范仲淹小时候是个贫穷的孩子，他两岁的时候父亲逝世，为了生活，母亲再嫁带他到了朱家。朱家没钱给范仲淹读书，范仲淹就一个人来到一所寺院，一边干活，一边苦读，常常读到深夜。有点儿困了，就用冷水洗脸。最让他觉得为难的就是每天的饭菜，不要说好吃的饭菜，就连吃饱也很不容易。他天天只好煮一碗粥，等到冷凝的时候，分成四块，早晚各取两块，再就着咸菜来下肚子。

一天，一位同学来探访范仲淹，那位同窗是官宦弟子，家中很富有。他看见范仲淹生活得那么艰苦，学习却那么用功，心里很受感动，回家告知了父亲，让父亲派人给范仲淹送去好饭好菜。

过了些天，那位同学又去看望范仲淹，发现给范仲淹的饭菜放在地上原地不动，都快发霉了。于是，那位同学就责备道："你不吃这些食物，难道你瞧不起我？"范仲淹表示歉意，说："我当初吃粥已经吃习惯了，我怕吃了你的饭菜，吃不下这些稀粥了。"那位同学听了范仲淹的话，对范仲淹更加钦佩了。

范仲淹就是这样从小立志，划粥而食的，靠着这种精神，范仲淹终于成为宋代有名的政治家和文学家，写出了"先天下之忧而忧，后天下之乐而乐"的千古名句。

yuè shū guì jiàn　　lǐ bié zūn bēi
乐殊贵贱，礼别尊卑。
shàng hé xià mù　　fū chàng fù suí
上和下睦，夫唱妇随。

注释

乐殊贵贱：古时候乐器的使用有严格的贵贱等级区别。
唱：提倡。

译文

乐器的使用要根据人们身份的贵贱而有所不同，礼节要根据人们地位的高低而有所区别。上下要和睦相处，丈夫倡导的，妻子应当顺从，要协调和谐。

故事

举案齐眉

东汉时有一对夫妻，丈夫梁鸿，妻子孟光，他们互敬互爱，是夫唱妇随的榜样。

梁鸿品德高洁，学识丰富，曾入太学，但没有在朝廷当官，而是回到了自己的家乡。当时梁鸿还没有成家，当地不少的乡绅仰慕他，想把女儿嫁给他，但梁鸿并不太感兴趣。

当地有个姑娘叫孟光，相貌长得很一般，她也很是仰慕梁鸿，并表示想嫁给他。她持守这样的心意，已经三十岁还未出嫁。梁鸿得知后很感动，就娶了她。

婚后，夫妻二人关系极其和睦，相敬如宾。每次梁鸿从外面回来，孟光都会把做好的饭菜举到与自己的眉毛那样高，送到梁鸿的面前，表达对丈夫的尊敬。她这样做，在当时传为佳话。

编 钟

知识 中国古代的打击乐器。兴起于西周，盛行于春秋战国直至秦汉，用青铜铸成，由大小不同的扁圆钟按照音调高低的次序排列起来，悬挂在一个巨大的钟架上，用丁字形的木锤和长形的棒分别敲打铜钟，能发出不同的乐音，因为每个钟的音调不同，按照音谱敲打，可以演奏出美妙的乐曲。

外受傅训，入奉母仪。
诸姑伯叔，犹子比儿。

注释

傅训：师傅的教诲。　　奉：遵循。
仪：典范，规范。　　犹子：兄弟之子。

译文

在外面要接受师傅的训诲，在家里要遵从父母的教导。对待姑姑、伯伯、叔叔等长辈，要像是他们的亲生子女一样。

故事

孟母断织

孟子是我国战国时期著名的思想家、教育家。他小时候很贪玩，上学读书并不努力。不是迟到就是早退。孟母心里很是着急。

有一天，孟子又早早地回家，他的母亲正在织布，见他早早地回来了，便问道："学习怎么样了？你为什么这么早就回来了？"孟子漫不经心地回答："我不愿意读书了。"孟母见他这样一副无所谓的样子，十分恼火，就用剪刀把织好的布剪断。接着掩面哭了起来,哭得十分伤心。孟子看到这种情形,既害怕又不明白,于是问他母亲:"您为什么要发这样大的火?"孟母说:"布是一根一根的丝织起来的,学问是一点一点地积累起来的,你现在想荒废学业,就如同我剪断这布一样。有德行的人学习是为了树立名声;勤学好问,才能增长知识。有德行有学问的人,平时能平安无事,做起事来就可以避开祸害。如果你现在荒废了学业,就不免于做下贱的劳役,而且难于避免祸患。"

孟子听了母亲的话,心里很难过,低着头承认了自己的错误。从此以后,他从早到晚勤学不止,终于成了天下人赞誉的有德行有学问的"亚圣"。

孔怀兄弟，同气连枝。
交友投分，切磨箴规。

注释

孔怀：指非常思念。　　同气：共同承受父母之气息。
投：投合，接近。　　分：情分。
切磨：学问上的探讨研究，切磋。　　箴：劝诫、劝勉。

译文

兄弟之间要相互关心，因为同受父母血气，如同树枝相连。结交朋友要意气相投，要能学习上切磋，品行上互相劝勉。

故事

手足情深

王徽之和弟弟王献之感情深厚。后来，兄弟二人都得了重病，王献之先去世了。家里人怕王徽之太悲痛，就没有把王献之去世的消息告诉他。

一天他实在忍不住，便问家人道："子敬（王献之，字子敬）的病怎么样了？为什么这么长时间没有听到他的消息，是否出事了？"

家人知道再也隐瞒不住了，便对他说了实话。王徽之听后,并没有痛哭,只是下了病榻,去到王献之的灵床前坐了下来。献之生前爱好弹琴,他就在灵床前弹起琴来。

王徽之一边弹,一边想着过去兄弟二人的情谊,他越想越悲伤,弹了几次都不成曲调,于是他举起琴向地上摔去,悲叹道:"子敬!子敬!如今人琴俱亡!"叹罢,他悲痛得昏了过去。一个多月之后,王徽之也去世了。

汉字书法九势

"书法九势"是关于笔势的九种方法、法则。具体指:落笔、转笔、藏锋、藏头、护尾、疾势、掠笔、涩势、横鳞。

六 艺

中国古代儒家要求学生掌握的六种基本才能:礼、乐、射、御、书、数。

rén cí yǐn cè　　zào cì fú lí
仁慈隐恻，造次弗离。
jié yì lián tuì　　diān pèi fěi kuī
节义廉退，颠沛匪亏。

注释

隐恻：恻隐，怜悯、同情。　　造次：仓促，急切。
退：谦让。　　颠沛：跌倒，比喻处境窘迫困顿。
匪：非，不是。

译文

仁义、慈爱，对人的恻隐之心，在任何时候，任何地方都不能抛离。气节、正义、廉洁、谦让这些品德，在最穷困潦倒的时候也不可亏缺。

故事

许衡不食梨

南宋末年，兵荒马乱，社会秩序很不安定，常常有强盗土匪四处抢劫与掠夺。一天下午，少年许衡和七八个小伙伴在外面玩耍，忽听有人大声喊："西山那面的土匪来了！"他和小伙伴拔腿就逃。这时正值盛夏，骄阳如火，跑了五六里路，大家累得满头大汗。还好，土匪没有追来。伙伴们个个口干舌燥，渴得要命。突然一个叫徐亮的小伙伴惊喜地大叫起来："梨，大家快看！"。小伙伴们一跃而起，向梨树飞奔而去。只见一座破落的院子里，长有两棵梨树，树上挂满了黄澄澄的梨，院子里一片狼藉，门窗敞开，看样子是遭了抢劫，主人早已没了踪影。

徐亮爬上梨树，一手摘个大的往嘴里塞，一手摘梨子往下扔，小伙伴们嘻嘻哈哈，争着捡梨吃梨，开心极了。

"咦，怎么许衡独自坐在那里没吃梨？"徐亮感到奇怪，问许衡："你不渴吗？"许衡摇了摇头："渴是渴，可梨不是自己的，怎么能随便吃呢？"

"唉，你可真傻，如今兵荒马乱，梨树的主人早就不知去向，为什么不吃呢？"徐亮拿出两只梨递给许衡说："给，快吃吧！别这么傻了。"许衡推开递过来的梨说："梨虽然暂时无主，可我们心里却不能无主啊！做人要诚实至上，这梨总不能算是自己的，吃了它，和偷盗有什么两样呢？所以，我再渴，也决不吃这无主的梨。"

就是这个当年被小伙伴称为傻小子的许衡后来成了一位杰出的学者与政治家，一直受到后人的尊敬。

xìng jìng qíng yì　　xīn dòng shén pí
性静情逸，心动神疲。
shǒu zhēn zhì mǎn　　zhú wù yì yí
守真志满，逐物意移。
jiān chí yǎ cāo　　hǎo jué zì mí
坚持雅操，好爵自縻。

注释

逸：安闲。　　**逐物**：追逐物欲。
意移：意志动摇。　　**好爵**：高官厚禄。
縻：系住。

译文

保持内心清静平定，情绪就会安逸舒适，心为外物所动，精神就会疲惫困倦。保持自己天生的善性，愿望就可以得到满足，追求物欲享受，善性就会转移改变。坚守高雅情操，好的职位自然就会属于你。

故事

吴隐之笑酌"贪泉"

离广州十公里的石门，是进入广州的必经之地，那里有一泓泉水叫"贪泉"。据说，凡是喝过"贪泉"水的人，都会变得贪婪。因此，经过石门的官吏，没有一个敢喝的，即使非常口渴也竭力忍着，以保证自己的清廉。

有一个人叫吴隐之,到广州做官,从"贪泉"路过,听随从说起有这么一回事,便去看看。他看见所谓的"贪泉"实际上只是普普通通的山泉,就蹲下捧着泉水畅饮,随从见状大惊失色,赶紧上前阻拦:"这是贪泉,千万不能喝啊!"吴隐之哈哈大笑,说:"什么贪泉不贪泉的,我就不信这个邪。贪婪的人不喝也会贪,清廉的人就算喝了也能保持清正廉洁。"随后还赋诗一首以表达自己廉政的决心:"古人云此水,一歃(shà)怀千金。试使夷齐饮,终当不易心。"这首诗的意思是:人们传说喝了"贪泉"的水便会贪得无厌,欲壑难填。但我认为,如果让品德高洁的伯夷、叔齐喝了它,一定不会改变廉洁之心的。

吴隐之在广州任职期间,把所得俸禄、赏赐,除了留够用的一份外,其他都分散赈济亲戚朋友与老百姓。吴隐之的清廉节俭、率先垂范,不仅使属下官员们不敢贪赃枉法,而且使广州民风日趋淳朴,百姓安居乐业。

吴隐之笑酌"贪泉"明廉志,洁身自好,"出淤泥而不染",表现出清正廉洁的高尚品质。

<ruby>都<rt>dū</rt></ruby><ruby>邑<rt>yì</rt></ruby><ruby>华<rt>huá</rt></ruby><ruby>夏<rt>xià</rt></ruby>，<ruby>东<rt>dōng</rt></ruby><ruby>西<rt>xī</rt></ruby><ruby>二<rt>èr</rt></ruby><ruby>京<rt>jīng</rt></ruby>。
<ruby>背<rt>bèi</rt></ruby><ruby>邙<rt>máng</rt></ruby><ruby>面<rt>miàn</rt></ruby><ruby>洛<rt>luò</rt></ruby>，<ruby>浮<rt>fú</rt></ruby><ruby>渭<rt>wèi</rt></ruby><ruby>据<rt>jù</rt></ruby><ruby>泾<rt>jīng</rt></ruby>。
<ruby>宫<rt>gōng</rt></ruby><ruby>殿<rt>diàn</rt></ruby><ruby>盘<rt>pán</rt></ruby><ruby>郁<rt>yù</rt></ruby>，<ruby>楼<rt>lóu</rt></ruby><ruby>观<rt>guàn</rt></ruby><ruby>飞<rt>fēi</rt></ruby><ruby>惊<rt>jīng</rt></ruby>。

注释

邑：国都，京城。　　背：背靠。
邙：山名，北邙山，在河南省。　　面：面对。
盘郁：曲折盘绕。　　惊：感到惊奇。

译文

中国古代的都城华美壮观，著名的有东京洛阳和西京长安。东都洛阳北靠邙山，面临洛水；西都长安横跨渭水，远据泾河。宫殿回环曲折，楼台宫阙凌空欲飞，使人心惊。

故事

洛阳纸贵

晋代文学家左思，小时候是个非常顽皮、不爱读书的孩子。父亲经常为这事发脾气。

有一天，左思的父亲与朋友们聊天，朋友们羡慕他有个聪明可爱的儿子。左思的父亲叹了口气，说："快别提他了，小儿左思的学习，还不如我小时候，看来没有多大的出息了。"说着，脸上流露出失望的神色。这一切都被小左思看到、听到了，他非常难过，觉得自己不好好念书确实很没出息。于是，暗暗下定决心，一定要刻苦学习。

　　日复一日，年复一年，左思渐渐长大了，由于他坚持不懈地发奋读书，终于成为一位学识渊博的人，文章也写得非常好。他用一年的时间写成了《齐都赋》，显示出他在文学方面的才华。这以后他又以三国时魏、蜀、吴首都的风土、人情、物产为内容，撰写《三都赋》。为了使《三都赋》在内容、结构、语言诸方面都达到一定水平，他潜心研究，精心撰写，废寝忘食，用了整整十年，文学巨篇《三都赋》终于写成了。

　　《三都赋》得到人们的好评，大家把它同汉代的文学杰作《两都赋》相提并论。当时喜爱《三都赋》的人争相抄阅，因为抄写的人太多，京城洛阳的纸张供不应求，一时间全城纸价大幅度上升。

图写禽兽，画彩仙灵。
丙舍傍启，甲帐对楹。

注释

丙舍：宫中别室。
甲帐：汉武帝时所造的帐幕。

译文

宫殿里画着飞禽走兽，还有彩绘的天仙神灵。正殿两边的配殿从侧面开启，豪华的帐幕对着高高的楹柱。

故事

叶公好龙

春秋时期，楚国有一个自称叫叶公的人。叶公经常对别人说："我特别喜欢龙，龙多么神气、多么吉祥啊！"于是当他家装修房子的时候，工匠们就帮他在房梁上、柱子上、门窗上、墙壁上到处都雕刻上龙。叶公家里就像龙宫一样，就连叶公自己的衣服上也绣上了栩栩如生的龙。

叶公喜欢龙的消息传到了天宫中真龙的耳朵里，真龙想：没想到人间还有一个这样喜欢我的人呢！我得下去看看他。有一天，龙从天上降下来，来到了叶公的家里。龙把大大的头伸进叶公家的窗户,长长的尾巴拖在地上。叶公听到有声音,就走出卧室来看,这一看可不得了了,一只真龙正在那里瞪着自己,叶公顿时吓得脸色苍白,浑身发抖,大叫一声逃走了。

后来,人们就用"叶公好龙"这四个字比喻那些表面上喜欢某种事物,其实并不是真的喜欢的人或事。

阿房宫

在陕西省西安市的西郊,有一个阿房村,这里有一处古老的宫殿遗址,这个宫殿就是阿房宫。

公元前212年,秦始皇已经消灭了六国,实现了统一,这时候他认为都城咸阳人太多,而那里的宫殿又小,就下令在以前周朝的都城丰、镐之间,渭河以南的皇家园林上林苑中,仿集天下建筑的精英灵秀,建造一座新的朝宫。

秦始皇征集了七十万苦力，让他们昼夜劳作。由于工程浩大，秦始皇在位时只建了一座前殿。即使单是一个前殿，也是气势宏伟。史书上记着："前殿阿房东西五百步，南北五十丈，上可以坐万人，下可以建五丈旗，周驰为阁道，自殿下直抵南山，表南山之巅以为阙，为复道，自阿房渡渭，属之咸阳。"这么大的工程规模，劳民伤财，可以想见。

秦始皇死后，秦二世胡亥又调修建阿房宫工匠去修建秦始皇陵，修好始皇陵后，接着让他们来继续修建阿房宫，在这些巨大工程消耗之下，天下的百姓不堪其苦，纷纷起来反抗，这样，秦王朝很快就垮台了。当时的民间就有童谣唱道："阿房，阿房，亡始皇！"

> **知识**
>
> • "十三经"是儒家的十三部经书，即《易》《书》《诗》《周礼》《仪礼》《礼记》《春秋左传》《春秋公羊传》《春秋谷梁传》《论语》《孝经》《尔雅》《孟子》。
>
> • 庄子（公元前369～公元前286），姓庄名周。楚庄王后裔，道家学说的主要创始人之一。中国著名哲学家、思想家、文学家、辩论家。庄子与道家始祖老子同为楚人，并称"老庄"，他们的哲学思想被尊为"老庄哲学"。《庄子》一书名篇有《逍遥游》《齐物论》等，庄子主张"天人合一"与"清静无为"。

肆筵设席，鼓瑟吹笙。
升阶纳陛，弁转疑星。

注释

肆：摆设。
笙：簧管乐器，《诗经·小雅·鹿鸣》中说"我有嘉宾，鼓瑟吹笙"。
陛：帝王宫殿的台阶。
弁：古时的一种官帽，缝合处饰以彩玉，后泛指帽子。

译文

宫殿里摆着酒席，弹琴吹笙一片欢腾。官员们上下台阶互相祝酒，帽珠闪动，像满天的星斗。

故事

南郭先生

齐国的国君齐宣王喜欢听吹竽，他手下有三百个善于吹竽的乐师。齐宣王总想在人前显示他做国君的威严，爱摆排场，喜欢让这三百个人在一起合奏给他听。

南郭先生知道齐宣王的这个癖好后，觉得有机可乘，于是就跑去对齐宣王吹嘘说："王啊，我是个有名的乐师，听过我吹竽的人没有不被感动的，就是鸟兽听了也会翩翩起舞，花草听了也会和着节拍颤动，我愿把我的绝技献给您。"齐宣王听了很高兴,也不加考查,就收下了他,把他编进那支三百人的吹竽队中。南郭先生就随那三百人一块儿合奏给齐宣王听,和大家一样拿优厚的薪水和丰厚的赏赐,他心里得意极了。

其实南郭先生撒了谎,他压根儿就不会吹竽。每逢演奏的时候,南郭先生就捧着竽混在队伍中,人家摇晃身体,他也摇晃身体,人家摆头,他也摆头,脸上装出一副动情忘我的样子,看上去和别人一样吹奏得挺投入。

可是好景不长,没过几年,齐宣王死了,他的儿子齐湣(mǐn)王继承了王位。齐湣王也爱听吹竽,可是他和齐宣王不一样,认为三百人一块儿吹实在太吵,不如独奏来得悠扬逍遥。于是齐湣王发布了一道命令,要这三百个人好好练习,做好准备,他将让这三百人一个个地轮流来吹竽给他听。乐师们知道命令后都积极练习,想一展身手。这时候,只有南郭先生急得像热锅上的蚂蚁,惶惶不可终日。他想来想去,知道这次再也混不过去了,于是连夜逃走。

中国古代代表性乐器

吹奏乐器:埙、箫、曲笛、管子。
弹奏乐器:箜篌、古琴、古筝、琵琶。
击打乐器:编钟、铜鼓、堂鼓、云锣。

yòu tōng guǎng nèi　zuǒ dá chéng míng
右通广内，左达承明。
jì jí fén diǎn　yì jù qún yīng
既集坟典，亦聚群英。
dù gǎo zhōng lì　qī shū bì jīng
杜稿钟隶，漆书壁经。

注释

广内：汉宫廷藏书之所；指帝王书库。

承明：殿名，古代天子左右路寝称承明。

坟：《三坟》。　　典：《五典》。

杜稿：杜度的草书手稿。

钟隶：钟繇（yóu）的隶书真迹，钟繇，三国时著名书法家，善隶书。

漆书：古人无墨，以漆写在竹简上，所以有漆书。

壁经：汉代在曲阜孔庙墙壁里发现的古文经书，即《古文尚书》。

译文

进入宫廷，往右通向用以藏书著称的广内殿，往左是朝臣休息的承明殿。这里收藏了很多的典籍名著，也聚集着成群的文武英才。宫中有杜度草书的手稿和钟繇隶书的真迹，有漆书竹简和汉代从孔庙墙壁内发现的古文经书。

品 故事

汉初三杰

汉高祖刘邦登上皇位后,在朝堂召开庆功酒宴,他兴奋地问大伙儿:"你们说说,我为什么能得天下,而项羽却不能?"

大臣高起说:"陛下仁慈,对臣子有功必赏,对降将也很宽厚。"

另一个大臣说:"项羽嫉贤妒能,妇人之仁。他得到土地后一个人独占,不分给部下,失却了人心,所以失去了天下。"

刘邦却说:"你们只说对了一半,我能够取得天下,是因为有三位贤人。运筹帷幄之中,决胜千里之外,我不如张良;镇守国家,安抚百姓,搞好军队的供给,我不如萧

何；统率千军万马，战无不胜，攻无不克，我不如韩信。这三个人都是杰出的人才，我能够恰到好处地重用他们，所以我得了天下。而项羽只有一个范增，他还不肯重用，所以会失败。"

刘恕博览群书

宋朝的时候，有个叫刘恕的历史学家，他曾担任司马光的助手，为《资治通鉴》的完成做出了很大贡献。

刘恕从小爱好历史，但他家境清贫，只好到处借书、抄书。当时，学者宋次道收藏了不少好书，刘恕不辞辛苦，大老远跑去借阅。宋次道弄了桌好菜招待他，可他却推辞说："谢谢你的好意，我不是为美酒佳肴来的，我是为了一睹你的宝贝书籍而来的。能够读一读你家里的经典，我就心满意足了。"宋次道听了，非常感动，觉得遇到了一个真正热爱书籍的知音，于是爽快地把书借给了他。

刘恕回到家，便埋头读书，连饭都顾不上吃。就这样，他不仅读遍各种正史，还广泛阅读了笔记、小说、诗文集、公文、碑碣等各种史料。他讲起历史来，滔滔不绝，谁听了都不得不佩服。

三皇五帝

三皇：伏羲、神农、黄帝；五帝：少昊、颛顼、帝喾、尧、舜，他们都是传说中我国远古时期的部落酋长。

府罗将相，路侠槐卿。
户封八县，家给千兵。

注释

侠：在两侧站立，同"夹"。
槐卿：周代外朝种植槐树，以此排列朝臣的位次。
八县：说明封地多。　给：给予。

译文

廷内文武将相依次排成两列，廷外大夫公卿在道路两旁站立。皇帝赏给大臣们大片的封地和上千名侍卫家兵。

故事

三槐王氏

古时候，大臣们拜见皇帝前，先要在大殿前等候。在殿外三棵槐树下站的依次是三公：太师、太傅、太保，两排的树下站的则是九卿。

北宋的时候，有个叫王祐的人在自家的院子种了三棵槐树，他的用意是希望将来自己的子孙能够出将入相，位登三公。他的邻居看见了，就嘲笑他说："三槐是三公站立的地方，你们家有三公吗？"王祐生气地回答："将来我的子孙一定有人能成为三公。"

转眼十几年过去了,他的儿子王旦长大成人,品德高尚、知识渊博,果然当上了太保,实现了王祐的三公梦。王祐的子孙繁衍众多,显赫光荣,成为宋代的一大望族。如今王氏子孙散居海内外,王氏族人为了纪念王祐,就以"三槐堂"作为他旧居的名称。

六 书

汉字的六种构造方法:象形、指事、形声、会意、转注、假借,其中象形、指事、会意、形声主要是"造字法",转注、假借是"用字法"。

<ruby>高<rt>gāo</rt></ruby> <ruby>冠<rt>guān</rt></ruby> <ruby>陪<rt>péi</rt></ruby> <ruby>辇<rt>niǎn</rt></ruby>，<ruby>驱<rt>qū</rt></ruby> <ruby>毂<rt>gǔ</rt></ruby> <ruby>振<rt>zhèn</rt></ruby> <ruby>缨<rt>yīng</rt></ruby>。
<ruby>世<rt>shì</rt></ruby> <ruby>禄<rt>lù</rt></ruby> <ruby>侈<rt>chǐ</rt></ruby> <ruby>富<rt>fù</rt></ruby>，<ruby>车<rt>chē</rt></ruby> <ruby>驾<rt>jià</rt></ruby> <ruby>肥<rt>féi</rt></ruby> <ruby>轻<rt>qīng</rt></ruby>。
<ruby>策<rt>cè</rt></ruby> <ruby>功<rt>gōng</rt></ruby> <ruby>茂<rt>mào</rt></ruby> <ruby>实<rt>shí</rt></ruby>，<ruby>勒<rt>lè</rt></ruby> <ruby>碑<rt>bēi</rt></ruby> <ruby>刻<rt>kè</rt></ruby> <ruby>铭<rt>míng</rt></ruby>。

注释

辇：皇帝的车子。　**毂**：指车轮。
缨：官帽上的飘带。　**世禄**：世代享受国家俸禄。
侈：奢侈。　**策**：谋划。
勒：刻写。　**铭**：刻写在金石器物上的文字。

译文

戴着高大帽子的大臣们陪着皇帝出游，驾着车马，帽带飘舞着，威仪堂堂。公卿们的子孙世代领受朝廷俸禄，奢侈豪富，出门时轻车肥马，春风得意。大臣们为皇帝出谋划策的功劳卓著，朝廷详尽确实地记载他们的功业德行，刻在碑石上，流传于后世。

故事

关西孔子

东汉人杨震曾在家乡华阴讲学三十年，他的弟子有几千人。他为官清廉，是老百姓心目中的"大清官"。

杨震五十岁时，奉命调到东莱为官。一天，路过昌邑，便在一家客栈住下。昌邑的县令王密，是杨震以前的学生，他得知老师的到来，非常的高兴，要热情地款待他。为报答老师的教诲之恩，王密趁着夜色，带着十锭黄金来到杨震的住处，说："老师对我的教导，我永世不忘，这是学生的一点心意，请您收下。"杨震很不高兴地说："我知道你的为人，你怎么就不了解我呢？"王密解释说："老师，这金子是学生的俸禄，并不是贪污受贿得来的，是我特意送来孝敬您的。况且夜深人静，没人知道，您就收下吧！"杨震义正词严地说："你顶天而来，天知道；你踏地而来，地知道；你把金子送我，你知道，我知道。既然天知、地知、你知、我知，怎么能说没人知道呢？"这样王密就羞愧地走了。

杨震的品德与功绩都被人称道，当时人们就尊称他为"关西孔子"，还特地为他立了一块碑，用来纪念他。

pán xī yī yǐn　　zuǒ shí ā héng
磻溪伊尹，佐时阿衡。
yǎn zhái qū fù　　wēi dàn shú yíng
奄宅曲阜，微旦孰营。

注释

磻溪：指姜太公吕尚。吕尚在磻溪钓鱼，遇周文王，拜为太师，后辅佐周武王灭商。

伊尹：原为有莘（shēn）氏女儿的陪嫁奴隶，商汤用为小臣，后为宰相，辅佐商汤功灭夏桀。

阿衡：商朝官名，相当于宰相。　**奄宅**：奄宅之地，即曲阜一带。

微：没有。　**旦**：周公姬旦。

译文

磻溪吕尚辅佐武王灭纣；伊尹辅佐商汤王推翻夏桀，被封为"阿衡"。奄宅的曲阜一带，要是没有周公姬旦谁还能够经营呢？

故事

太公钓鱼

姜太公，名吕尚，是辅佐周文王、周武王灭商的功臣。他在没有得到文王重用的时候，隐居在陕西渭水边一个地方。

太公常在磻溪旁垂钓。一般人钓鱼，都是用弯钩，上面接着有香味的饵食，然后把它沉在水里，诱骗鱼儿上钩。但太公的钓钩是直的，上面不挂鱼饵，也不沉到水里，并且离水面三尺高。

一天，有个打柴的来到溪边，见太公用不放鱼饵的直钩在水面上钓鱼，便对他说："老先生，像你这样钓鱼，一百年也钓不到一条鱼的！"太公举了举钓竿，说："对你说实话吧，我不是为了钓到鱼，而是为了钓到王与侯！"

文王姬昌知道后，派一名士兵去叫他来。但太公并不理睬这个士兵，只顾自己钓鱼，并自言自语道："钓啊，钓啊，鱼儿不上钩，虾儿来胡闹！"姬昌听了士兵的禀报后，改派一名官员去请太公来。可是太公依然不答理。姬昌这才意识到，这个钓者必是位贤才，要亲自去请他才行。于是他吃了三天素，洗了澡换了衣服，带着厚礼，前往磻溪去聘请太公。太公见他诚心诚意来聘请自己，便答应为他效力。

张良进履

张良是汉高祖刘邦的重要谋士,相传他的谋略智慧来源于一部叫作《太公兵法》的书。

相传有一天,张良到下邳的洼地边散步,遇到一位老人,穿着普通人装束的粗麻衣,走到张良身边,故意把自己的鞋掉到干水塘里,回头对张良说:"孩子,下去拿鞋。"张良一怔,心里觉得很奇怪,但因为看见这个人岁数大,就下去把鞋拿上来了。老人又说:"给我把鞋穿上。"张良一想,已经给他把鞋拿上来了,穿就穿吧,于是挺直上半身跪着给他穿上了。老人把鞋往脚上一套,笑着走了。

张良惊讶得不得了,直直地看着老人离去。老人走了一里来地,又折回来,说:"你这孩子还是可教育的。过五天,天蒙蒙亮的时候和我在这里见面。"张良非常惊奇,跪下说:"好的。"五天后,天蒙蒙亮的时候,张良去了,老人已经先到,生气了,说:"和老年人约会,迟到了,为什么?"就走了,走之前说:"再过五天早些来。"五天以后的鸡鸣时分,张良又去了,老人又先到了,又很生张良的气,说:"迟到了,为什么又这样?再过五天再早些来。"又过了五天,张良不到夜半时分就到了。过了一会儿,老人也来到了,高兴地说:"应当像这样。"于是拿出一编用竹简写的书,说:"读了它,就可以做帝王的老师了。再过十年,就要有大事情发生。"老人说完就走了,从此不再出现。第二天天一亮,张良一看这编书,原来是《太公兵法》。张良认为这编书很不一般,于是就反复学习和背诵它。后来,张良成为辅佐刘邦建立汉朝的名臣。

千字文

huán gōng kuāng hé　　jì ruò fú qīng
桓 公 匡 合 ， 济 弱 扶 倾 。
qǐ huí hàn huì　　yuè gǎn wǔ dīng
绮 回 汉 惠 ， 说 感 武 丁 。
jùn yì mì wù　　duō shì shí níng
俊 乂 密 勿 ， 多 士 寔 宁 。

注释

桓公：战国时的齐桓公。　　匡：正，纠正，端正。
绮：绮里季，商山四皓之一。　说：傅说。殷高宗武丁拜其为宰相。
俊乂：英杰，有才德的人。　　密勿：勤勉努力。
寔：实。实在是，实在能。

译文

齐桓公匡正天下诸侯，打着"帮助弱小""匡济周室"的旗号。汉惠帝做太子时靠绮里季才幸免废黜，商君武丁感梦而得贤相傅说。贤明君王的勤勉努力，换来了百官的各安其位。

故事

商山四皓

秦末汉初，有东园公唐秉、甪（lù）里先生周术、绮里季吴实和夏黄公崔广四位著名学者。他们不愿意当官，长期隐藏在商山，出山时都八十有余，眉皓发白，被人称为"商山四皓"。

汉高祖刘邦久闻四皓的大名，曾请他们出山为官，而被拒绝。他们宁愿过清贫安乐的生活也不愿当官，还写了一首《紫芝歌》以明志向："莫莫高山，深谷逶迤。晔晔紫芝，可以疗饥。唐虞世远，吾将何归？驷马高盖，其忧甚大。富贵之畏人兮，不如贫贱之肆志。"刘邦登基后，立长子刘盈为太子，封次子如意为赵王。后来，见刘盈天生懦弱，才华平庸，而次子如意却聪明过人，才学出众，刘邦有意废刘盈而立如意。刘盈的母亲吕后闻听，非常着急，便遵照开国大臣张良的主意，聘请商山四皓。有一天，刘邦与太子一起宴饮，他见太子背后有四位白发苍苍的老人，问后才知是商山四皓。四皓上前说："我们听说太子是个仁义的人，又有孝心，礼贤下士，我们就一齐来做太子的宾客。"刘邦知道大家都很同情太子，又有四位大贤臣辅佐，就打消了改立赵王如意为太子的念头。刘盈后来继承皇位，他就是汉惠帝。

jìn chǔ gēng bà　　zhào wèi kùn héng
晋楚更霸，赵魏困横。
jiǎ tú miè guó　　jiàn tǔ huì méng
假途灭虢，践土会盟。

注释

更：更替。

横：连横。战国时，苏秦说（shuì）六国联合拒秦，史称"合纵"。张仪主和拆散合纵，使六国一个个服从秦国，称为"连横"。由于连横，秦国采取远交近攻政策，首先打击赵、魏，所以说"赵魏困横"。

假：借。

译文

晋文公、楚庄王先后称霸，而赵国、魏国等六国却受困于张仪的"连横"之计。春秋时，晋国向虞国借路去消灭虢国，之后顺势灭掉虞国。晋文公在践土召集诸侯歃血会盟，相约效命周室，后被周王册命为诸侯之长。

故事

假途灭虢

春秋时，晋国的邻近有虢、虞两个小国。晋国的国君晋献公想举兵攻打虢国，但要打虢国，晋国大军必须经过虞国。

晋献公于是用美玉和名马作礼物，送给虞国国君虞公，请求借道让晋军攻打虢国。虞国大夫宫之奇劝谏虞公不要答应，但虞公贪图美玉和名马，还是答应给晋献公借道。宫之奇劝谏虞公说："虢国是虞国的依靠呀！虢国和虞国两国就好像嘴唇和牙齿一样，嘴唇没有了，牙齿岂能自保？一旦晋国灭掉虢国，虞国一定会跟着被灭亡。这'唇亡齿寒'的道理，您怎么就不明白？请您千万不要借道让晋军征伐虢国。"但虞公不听劝谏。

　　宫之奇见无法说服虞公，只得带着全家老小，逃到了曹国。

　　这样，晋献公轻而易举地灭掉了虢国。晋军得胜归来，借口整顿兵马，驻扎在虞国，然后发动突然袭击，一下子又灭掉了虞国。

千字文

<ruby>何<rt>hé</rt></ruby> <ruby>遵<rt>zūn</rt></ruby> <ruby>约<rt>yuē</rt></ruby> <ruby>法<rt>fǎ</rt></ruby>，<ruby>韩<rt>hán</rt></ruby> <ruby>弊<rt>bì</rt></ruby> <ruby>烦<rt>fán</rt></ruby> <ruby>刑<rt>xíng</rt></ruby>。
<ruby>起<rt>qǐ</rt></ruby> <ruby>翦<rt>jiǎn</rt></ruby> <ruby>颇<rt>pō</rt></ruby> <ruby>牧<rt>mù</rt></ruby>，<ruby>用<rt>yòng</rt></ruby> <ruby>军<rt>jūn</rt></ruby> <ruby>最<rt>zuì</rt></ruby> <ruby>精<rt>jīng</rt></ruby>。
<ruby>宣<rt>xuān</rt></ruby> <ruby>威<rt>wēi</rt></ruby> <ruby>沙<rt>shā</rt></ruby> <ruby>漠<rt>mò</rt></ruby>，<ruby>驰<rt>chí</rt></ruby> <ruby>誉<rt>yù</rt></ruby> <ruby>丹<rt>dān</rt></ruby> <ruby>青<rt>qīng</rt></ruby>。

注释

何：萧何，汉高祖丞相。　　弊：弊端。
烦：苛刻。　　起翦颇牧：战国时名将。起，白起；翦，王翦；颇，廉颇；牧，李牧。　　宣威：宣扬国威。
沙漠：边远少数民族地方。　　驰誉：美名流传。

译文

汉相萧何遵汉高祖的"约法三章"制定了汉朝的法律；而主张严刑峻法的韩非，却惨死于自己主张的酷刑。战国时的秦将白起、王翦，赵将廉颇、李牧，对用兵作战最为精通，他们的声威远震边陲，美名永载丹青史册。

故事

约法三章

秦王朝灭亡之后，刘邦和项羽为了争夺天下，进行了长达四年的的楚汉之战。

公元前206年,刘邦率领大军攻入关中,到达离秦都咸阳只有几十里路的霸上。子婴在仅当了四十六天的秦王后,向刘邦投降。刘邦进咸阳后,本想住在豪华的王宫里,但他的心腹樊哙和张良告诫他别这样做,免得失掉人心。刘邦接受他们的意见,下令封闭王宫,并留下少数士兵保护王宫和藏有大量财宝的库房,随即还军霸上。为了取得民心,刘邦把关中各县父老、豪杰召集起来,郑重地向他们宣布道:"秦朝的严刑苛法,把众位害苦了,应该全部废除。现在我和众位约定,不论是谁,都要遵守三条法律。这三条是:杀人者要处死,伤人者要抵罪,盗窃者也要判罪!"父老、豪杰们都表示拥护约法三章。接着,刘邦又派出大批人员,到各县各乡去宣传约法三章。百姓们听了,都热烈拥护,纷纷取了牛羊酒食来慰劳刘邦的军队。

刘邦这样做,赢得了民心,也为他最终赢得了天下。

jiǔ zhōu yǔ jì, bǎi jùn qín bìng
九州禹迹，百郡秦并。

yuè zōng tài dài, shàn zhǔ yún tíng
岳宗泰岱，禅主云亭。

注释

九州：指中国。　　岱：泰山的别称。也叫"岱宗""岱岳"。
禅：封禅。在泰山之巅封土祭天叫封，在泰山脚下的小山祭地叫禅。

译文

九州之内都留下了大禹治水的足迹，全国各郡在秦并六国后归于统一。五岳以泰山为尊，古代帝王在泰山脚下的云山和亭山主持禅礼。

故事

大禹治水

相传在我国远古时代，尧帝在位的时候，天下发生了一次特大洪水灾害。

为了解除水患，尧召集了部落联盟的会议，推举了鲧（gǔn）去治水，鲧治水采用堵的办法，劳民伤财，花了九年还是对洪水束手无策，耽误了大事，被处死在羽山。后来，部落联盟会议又推举了鲧的儿子禹治水。禹是一个精明能干、大公无私的人。他请来曾经治水的长辈总结过去失败的原因，并且经过实地考察，制定了一条切实可行的方案：一方面加固和继续修筑堤坝，另一方面，用"疏导"的办法根治水患。大禹亲自率领二十七万治水大众，全面进行疏导洪水的劳动。他除了指挥外，还亲自参加劳动，为百姓做出了榜样。他握木锸，不辞辛劳，废寝忘食，夜以继日。在治理洪水中，大禹曾三次路过自己家门口而不入。在他的领导下，人们经过十三年的艰苦劳动，终于疏通了九条大河，使洪水沿着新开的河道服服帖帖地流入大海。

在治水的同时，大禹和治水的大军还大力帮助老百姓重建家园，修整土地，恢复生产，使大家过上了安居乐业的生活，完成了流芳千古的伟大业绩。对于大禹的功绩，人民歌颂他，感谢他，怀念他，当时人们把整个中国叫"禹域"，意思就是大禹治理过的地方。

雁门紫塞，鸡田赤城。
昆池碣石，巨野洞庭。
旷远绵邈，岩岫杳冥。

注释

雁门：雁门关。　　紫塞：北方边塞，这里指长城。
鸡田：西北塞外地名，在今宁夏灵武县。
赤城：古地名，在今河北宣化。　　昆池：即昆明滇池。
碣石：河北乐亭县东，今沉入渤海。
巨野：古湖泽名。在今山东省巨野县北五里。
绵邈：连绵遥远的样子。　　岫：山洞。
杳：幽深秀丽。　　冥：昏暗。

译文

　　北疆的雁门关和长城是保卫国家的坚固防线，边地的鸡田和赤城是防止异族入侵的重要屏障。赏池可以去昆明滇池，观海可以东临河北碣石山，看泽、望湖可以去山东巨野和湖南洞庭。华夏大地，辽阔遥远，没有穷尽，名山奇谷幽深秀丽，气象万千。

品 故事

孟姜女哭长城

相传秦朝的时候，有个姓孟的人家生了一个漂亮的女孩，起名叫孟姜女。

一年年过去了，孟姜女长大成人，她聪明伶俐，而且很爱劳动，平时不是纺纱就是洗衣做饭。

那时候，秦始皇刚刚统一六国，正到处抓人修筑长城。一天，一个叫万喜良的年轻小伙子，因为逃避官府抓人，路过孟姜女家。孟爷爷见这小伙子忠厚朴实，就把孟姜女嫁给了他。谁知新婚的当天，万喜良就被官府抓住，押送到北方去修长城了。

寒来暑往，万喜良一去半年多都没有消息。孟姜女一心想着万喜良，眼看冬天就要到了，没有棉衣在北方怎么过冬啊！于是孟姜女就亲手给丈夫做了一身厚厚的棉衣，然后就动身上路去给丈夫送棉衣了。一路上，孟姜女历尽千辛万苦，千里迢迢，终于来到长城脚下，经过几天的寻找和打听，孟姜女得知自己的丈夫万喜良，已经活活地累死了。他的尸首就埋在了城墙中。

孟姜女听到这个噩耗，悲痛万分。她在长城脚下一直哭了三天三夜，直哭得天昏地暗，日月无光。这时候，只听一声"轰隆隆"巨响，城墙坍塌了，修好的长城被孟姜女哭倒了八百里。

千字文

治本于农，务兹稼穑。
俶载南亩，我艺黍稷。
税熟贡新，劝赏黜陟。

注释

稼穑：种植和收割。泛指农业劳动。　**俶**：开始。
载：耕作。　**南亩**：向阳的田地，指代田地。
艺：耕种。　**黍稷**：黍、稷，植物名。我国古老的食用作物。
黜：贬职，罢免。　**陟**：晋升、奖励。

译文

　　农业是长治久安的根本，务必要做好农作物的播种与收获。以农为本，就要重视田间耕作，种植黍稷等农作物。收获的季节，要用刚熟的新谷交纳税赋。官府对庄稼种得好的要表彰和赏赐，对种得不好的要处罚。

故事

神农出世

　　传说在女娲炼石补天之后，不知又过了多少年，在烈山的一个石洞里，有一个小孩诞生了。

说来也很奇怪，在他刚出世，石洞的周围自然涌现出了九眼水井，这九眼井里的水彼此相连，若取其中一眼之水，其他八眼都会波动起来。这个孩子天生异相，刚出生时，身体是透明的，五脏六腑清晰可见，头上还长有两只角，看起来牛头人身，人们都说这是天神下凡，九眼井是他带来的。小孩子长大以后，大家就推举他做部落的首领，他就是神农。

有一次神农看见一只红色的鸟衔着一串像种子的东西，不一会儿鸟儿把它吐了出来，神农拾起来，鸟儿围住他飞了三圈，又唧唧啾啾地叫了一阵飞走了。神农认为这是天帝派红鸟送来的食物种子，便把种子埋在土里。他又用木头制成耒、耜，教人们松土、犁地，并掘井灌溉禾苗。

这年秋天，一大片禾苗成熟了。人们多高兴呀！大家都感念神农的功德，后世更是尊称他为中国农业之神。

千字文

mèng kē dūn sù　　shǐ yú bǐng zhí
孟轲敦素，史鱼秉直。
shù jī zhōng yōng　　láo qiān jǐn chì
庶几中庸，劳谦谨敕。

注释

孟轲：孟子。　　**敦**：敦厚。
素：本色。　　**史鱼**：春秋时卫国的史官，字子鱼。以正直著称。
庶几：差不多。　　**中庸**：不偏不倚，折中。
敕：戒惧。

译文

孟子敦厚质朴，史官子鱼秉性刚直。做人要尽可能合乎中庸的标准，要勤劳谦逊，谨慎检点，严格要求自己。

故事

孟母三迁

孟子是我国历史上的大思想家、大学问家。他三岁的时候父亲就去世了，与母亲相依为命。孟子一生能有这样的成就，全要归功于他的母亲。

孟子小的时候，母亲带着他住在一片坟场附近。那里每天都有出殡的人，哭哭啼啼地经过。孟子见了觉得好玩，也学着玩起了出殡的游戏。孟母对孟子玩这种游戏很生气，认为不利于他读书，就决定搬家。

孟母把家搬到了镇上。他家处于闹市中,杀猪声、叫卖声终日不断。孟子很快又学着屠夫拿着刀子,玩起剁猪肉的游戏。于是,孟母决定再次搬家。

这一次,他们搬到了学堂附近。这里经常有读书人来往,他们文雅的举止,给附近居民以潜移默化的影响。孩子们常聚在大树底下,演练揖让进退的礼仪。孟母见了,非常高兴。

就这样,孟子在良好的环境里迅速成长,最后成了仅次于孔子的儒学大师,史称"亚圣"。

中庸之道

中庸之道,出自儒家文化的经典《中庸》。其理论基础是"天人合一"。中庸之道是人生的大道,是有关事业成功、生活与健康的根本理论,大致有三层含义:

一、中不偏,庸不易。是指人生不偏离,不变换自己的目标和主张。这就是一个持之以恒的成功之道。孔子说:"中庸之为德也,其至矣乎!民鲜久矣。"

二、指中正、平和。人需要保持中正平和,如果失去中正、平和,一定是喜、怒、哀、乐太过,治怒唯有乐,治过喜莫过礼,守礼的方法在于敬。所以,只要保持一颗敬重或者敬畏的心,中正、平和就得以长存,人的健康就得以保障。

三、"中"指好的意思,"庸"同"用",即中用的意思。指人要拥有一技之长,做一个有用的人才;又指人要坚守自己的岗位,要在其位谋其职。

千字文

líng yīn chá lǐ　jiàn mào biàn sè
聆音察理，鉴貌辨色。
yí jué jiā yóu　miǎn qí zhī zhí
贻厥嘉猷，勉其祗植。

注释

聆：仔细地听。　察：分辨。
贻：遗留。　厥：语气助词，那个。
猷：计划、谋划。　祗：恭敬。
植：指立身处世。

译文

听人说话要审察其中的道理，与人交往要察言观色；虚心接受他人美好的建议，勉励自己谨慎小心地处世立身。

故事

晋灵公聆音察理

春秋时代，晋灵公为了个人享乐，建造九层高台。他下了一道命令：不准任何人，朝见规劝。

大臣荀息知道后，便来求见晋灵公。晋灵公为了防止荀息劝阻，命卫兵张弓搭箭，只要荀息一劝谏，立即射死他。荀息见了这种架势，却不慌不忙地说：臣想表演一个小技艺给大王看看。晋灵公这才放下了心，问道："你表

演什么小技艺呀?"荀息说:"我能把十二个棋子堆起来,上面再加几个蛋。"晋灵公听后非常感兴趣,让荀息给他表演。

荀息很认真地把棋子堆起来,再加上鸡蛋,看的人不由得叫起来:"危险!"荀息说:"这有什么危险,还有比这更危险的呢。"灵公说:"你说来听听。"荀息说:为了建造九层高台,劳民伤财,邻近的国家都想趁机侵略,我们国家的处境危险极了。灵公听了后,恍然大悟,他终于明白了荀息所说的道理,下令停止建筑九层高台。这也是"危如累卵"成语的由来。

xǐng gōng jī jiè chǒng zēng kàng jí
省躬讥诫，宠增抗极。
dài rǔ jìn chǐ lín gāo xìng jí
殆辱近耻，林皋幸即。

读 注释

宠：尊荣。 殆：近。

皋：水边的高地。

看 译文

要经常反省自己的言行，不要讥讽别人。要防范自己的恩宠和荣耀达到极致而招来灾祸。如果因为位尊宠厚招致羞辱，就要及时退隐山林。

品 故事

寇准求教

寇准是宋代著名的人物，他尽职尽忠，严于律己。在刚刚担任朝中宰相的时候，他听说在成都有位叫张咏的同僚批评他说："寇公是一位奇才，只可惜学问不够深广啊。"寇准很想当面请教，只是路途遥远，一时难以如愿。

过了一段时间，寇准离开朝廷到陕西任职，刚好遇到罢官回乡路过陕西的张咏，寇准非常高兴，盛情款待了他。

送别的时候，他问张咏："您对我还有什么建议吗？"张咏慢条斯理地说道："《霍光传》不能不仔细读一读啊！"

寇准回到官邸，急忙找来《霍光传》细读，当读到"不学无术"四个字时，他一下子明白了，会心地笑道："这就是张公要指教我的话呀！"

禅让制

中国上古时代统治者更迭的一种方式，指在位君主生前就将统治权力让给他人。这是原始社会部落联盟民主推选首领的制度，最早记载于《尚书》之中。

liǎng shū jiàn jī　jiě zǔ shuí bī
两疏见机，解组谁逼。
suǒ jū xián chǔ　chén mò jì liáo
索居闲处，沉默寂寥。

注释

两疏：指汉太子太傅疏广和太子少傅疏受。两人曾同时辞官回家，受到世人推崇。

见机：看准时机。　　**解组**：辞官，解下印绶。

译文

汉代疏广、疏受叔侄见机退隐，有谁逼迫他们辞去官职呢？离君独居，不用多费唇舌，清静无为，安逸自在。

故事

疏广教子

疏广和他的侄子疏受，都是西汉宣帝时博览典籍、通晓古今的贤士，曾同时做过太子的老师。

后来，他们辞去了官职。回到家乡后，他们每日摆酒，宴请亲朋好友。对此，疏广的子孙感到很心疼，就托人向疏广说情，让疏广买点田宅，将来留给后代子孙。

疏广听后，慢悠悠地说："我难道已糊涂到不为自己子孙着想了吗？我家中原来薄有田产，子孙们要是勤奋劳作,生活应该不会太差。如果我现在给他们多买田产,只会让他们变得懒惰,而且还容易遭人嫉恨。我既然没有什么用来教他们,总不能再让他们遭人嫉恨吧。至于我带回来的金子,那是皇上给我养老的,我拿来和亲戚、朋友共同享受,不是很好吗?"大家听了,都心悦诚服。

疏广不为子孙多置产业,是要他们自食其力。这种为子孙"谋"的远见卓识,值得世人深思啊。

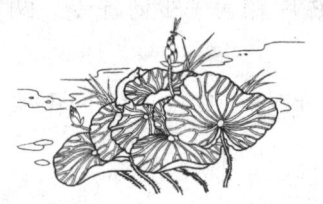

黄道婆

国学知识

宋末元初知名的棉纺织家。又名黄婆,黄母。松江府乌泥泾镇人。出身贫苦,少年受封建家庭压迫流落崖州,以道观为家,劳动、生活在黎族姐妹中,并师从黎族人,学会运用制棉工具和织崖州被的方法。元代元贞年间重返故乡,在松江府以东的乌泥泾镇,教人制棉,传授和推广"扦、弹、纺、织"之具和"错纱配色,综线挈花"等织造技术。由于乌泥泾和松江一带人民迅速掌握了先进的织造技术,一时"乌泥泾被不胫而走,广传于大江南北"。当时的太仓、上海等县都加以仿效。棉纺织品色泽繁多,呈现出空前的盛况。黄道婆去世以后,松江府曾成为当时最大的棉纺织中心,松江布有"衣被天下"的美称。

求古寻论，散虑逍遥。
欣奏累遣，戚谢欢招。

注释

求古寻论：即寻求古论。　　散虑：排遣心中的忧虑。
欣：欣悦。　　累：烦恼。
戚：忧愁。　　谢：杜绝。

译文

从古圣先贤的言行中探寻人生哲理，就可以排除忧虑，过得自在逍遥；把欣悦轻松的事凑到一起，费心劳力的事丢在一边，这样就会消除不尽的烦恼，得来无限的快乐。

故事

韦编三绝

孔子是历史上最著名的教育家、思想家。他一生勤奋好学，到了晚年的时候又特别喜欢读《易》。

那个时代的书，主要是以竹子为材料制造的。人们把竹子破成一根根竹签，做成"竹简"，用火烘干后在上面写字。竹简有一定的长度和宽度，一根竹简只能写一行字，多则几十个，少则八九个。一部书要用许多竹简，这些竹简必须用牢固的绳子之类的东西编连起来才能阅读。像《易》这样的书，当然是由许许多多竹简编连起来的，因此有相当的重量。

孔子花了很大的精力，把《易》全部读了一遍，基本上了解了它的内容。不久又读第二遍，掌握了它的基本要点。接着，他又读第三遍，对其中的精神、实质有了透彻的理解。在这以后，为了深入研究这部书，又为了给弟子讲解，他不知翻阅了多少遍。这样读来读去，把串连竹简的牛皮绳子也给磨断了几次，不得不多次换上新的再使用。

即使读到了这样的地步，孔子还谦虚地说："假如让我再多活几年，我就可以完全掌握《易》的文与质了。"孔子的勤奋好学成为后世人们的榜样。

千字文

qú hé dì lì　yuán mǎng chōu tiáo
渠荷的历，园莽抽条。
pí pá wǎn cuì　wú tóng zǎo diāo
枇杷晚翠，梧桐蚤凋。

注释

的历：光彩烂灼的样子。　莽：密生的草，泛指草木。
晚翠：至冬犹绿。　蚤：通"早"。

译文

　　池塘的荷花鲜艳光亮；花园里的草木抽条发芽，生长茂盛。冬天，枇杷的叶子还是绿的；而梧桐树，一到初秋叶子就早早凋零了。

故事

王冕画荷

　　元朝的大画家、诗人王冕，从小就喜欢画画。有一天，他在湖边放牛，突然乌云密布，下起了倾盆大雨。一会儿雨停了，太阳出来了，照得满湖通红，湖里的荷花分外娇艳，荷叶上的水珠滚动，异常美丽。王冕想：要是能用画笔把这些荷花画出来多好呀！于是他决心自己学习画荷花。

　　从那以后，王冕就把省下来的钱去买画笔、画纸、颜料。开始的时候,手中的画笔好像不听使唤,颜色调得也不均匀。但是,功夫不负有心人,三个月后,他画的荷花就大不一样了。无论形态、颜色都和真的一样。不过,王冕还是觉得少了点荷花的精神。

为此,他继续每天来到湖边,把牛牵到青草茂盛的地方,自己专心观察荷花。他看看湖中的荷花,又看看自己的画,来回比较,连晚上躺在床上也苦苦地想。渐渐地,他的脑海中有了神形兼备的荷花,这样下来,他画出的荷花,就像湖里长出来的一样,似乎只是多了一张纸。

后来,他还画梅花、竹子,而且画得更加出色,成为元代著名的大画家。

陈根委翳，落叶飘摇。
游鹍独运，凌摩绛霄。

注释

陈根：老树根。　　委翳：枯萎，腐烂。
鹍："鹍鸡"，古书上指像鹤的一种鸟。　　凌：升高。
摩：接触。　　绛霄：指高空。

译文

一年将尽，草木根须腐烂，落叶在秋风中四处飘荡。只有遨游的鲲鹏，独自翱翔，凌空直上九天云霄。

故事

鲲鹏展翅

庄子在《逍遥游》中讲述了这样的一个故事：

在远古的时候，遥远的北海住着一条大鱼，身体宽大到几千里，没有人知道它到底有多长，人们给它取名叫鲲。后来，经过许多年，鲲变成了一只大鸟，这就是鹏。鹏的背像泰山那样高，它飞起来的时候翅膀能遮天蔽日。每年的六月，它都要飞往南海的天池。它拍一拍翅膀，就能在天池的水面上激起三千里高的浪花，它乘着暴风，一下子能飞越九万里的高空。林中有些小鸟，每次看到大鹏展翅高飞的时候，都会不以为然地说："我们往上飞，飞到几丈高就落下来了，飞过树梢已经算很高了。而大鹏鸟为什么要飞向九万里以外的远方呢？"

庄子慨叹说："唉，那几个小小的燕雀，怎么能够懂得鲲鹏的志向啊！"

知识　牧野之战，是我国古代十大著名战役之一。商朝末年的纣王荒淫无道，残害忠良，暴虐百姓，周武王姬发率众伐纣。在军师姜子牙的运筹帷幄下，有着广大百姓支持的武王在此役中一战而胜，灭掉殷商。

千字文

dān dú wán shì　　yù mù náng xiāng
耽读玩市，寓目囊箱。
yì yóu yōu wèi　　zhǔ ěr yuán qiáng
易輶攸畏，属耳垣墙。

注释

耽：沉溺。　　寓目：留意。
囊箱：装书的袋子和箱子。　　易：忽视。
輶：一种轻便的车子，这里指东汉朝廷的耳目常轻车简从打探文人的言论。　　攸：所。　　垣：矮墙，泛指墙。

译文

东汉哲学家王充，幼年家贫无书，他有过目不忘的本领，常常沉迷留恋于洛阳书市，在那嘈杂喧嚣的环境中，他满眼都是各种各样的书籍。一个人发表言论，最怕轻易随便，说话小心谨慎，防止隔墙有耳。

故事

孙权劝学

三国时期，吴国大将吕蒙没有文化知识，国君孙权鼓励他学习史书与兵法。吕蒙总是推说军队事多，没有时间学习，孙权说："你的事情总没有我多吧？我并不是要你去研究学问，而只是要你翻阅一些古书，从中得到一些启发罢了。"

吕蒙问:"可我不知道应该去读哪些书。"

孙权听了,微笑着说:"你可以先读《孙子》《六韬》等兵法书,再读《左传》《史记》等一些历史书,这些书对于将来带兵打仗很有好处。"

停了停,孙权又说:"时间嘛,要自己去挤出来。从前汉光武帝在行军作战的紧张关头,手里还总是拿着一本书不肯放下来呢!为什么你就没有时间呢?"

吕蒙听了孙权的话,很惭愧,回去便开始读书学习,并坚持不懈。最后吕蒙做了吴国的主将,有勇有谋,屡建奇功。

竹林七贤

"竹林七贤"是指魏末晋初的七位名士。嵇康、阮籍、山涛、向秀、刘伶、王戎及阮咸七人,他们常在当时的山阳县(今河南辉县、修武一带)竹林之下,喝酒、纵歌,肆意酣畅。

具膳餐饭，适口充肠。
饱饫烹宰，饥厌糟糠。

注释

具膳：准备食品。　　饫：足，饱。
烹宰：鱼肉荤食。

译文

平常准备饭食，只要适合口味、让人吃得饱就行。饱的时候，即使是大鱼大肉也会生厌；饥肠辘辘的时候，有糟糠填饱肚子也就满足了。

故事

"一品宰相"曾国藩

曾国藩是清朝时的湘军首领，是当时的"中兴名臣"，他位高权重，但生活却很朴素，在当时腐败丑恶的官场上，可以说是"出于污泥而不染"。

有一天，身为两江总督的曾国藩到扬州一个盐商家中做客。盐商对曾国藩的招待非常盛情，桌子上摆满了山珍海味。"不成敬意，不成敬意。"盐商边敬酒边恭维着说。此时，曾国藩却紧锁眉头，只是象征性地动了动筷子。饭后，曾国藩的下属问他为什么只吃那点东西，是不是饭菜不可口。曾国藩说："一食千金，我实在不忍心吃，不忍心看啊！"

曾国藩就是这样一个节俭的人，在家里他绝不允许铺张浪费，饭桌上往往只有一个菜，跟贫寒人家没什么两样，所以人们诙谐地称他为"一品宰相"。

- 春秋五霸　指齐桓公、宋襄公、晋文公、秦穆公和楚庄王。
- 战国七雄　战国时期实力最强的七个诸侯国分别为齐、楚、秦、燕、赵、魏和韩。

<ruby>亲<rt>qīn</rt>戚<rt>qī</rt>故<rt>gù</rt>旧<rt>jiù</rt>，老<rt>lǎo</rt>少<rt>shào</rt>异<rt>yì</rt>粮<rt>liáng</rt></ruby>。
<ruby>妾<rt>qiè</rt>御<rt>yù</rt>绩<rt>jì</rt>纺<rt>fǎng</rt>，侍<rt>shì</rt>巾<rt>jīn</rt>帷<rt>wéi</rt>房<rt>fáng</rt></ruby>。

注释

异：不同。　　御：从事。
绩纺：泛指纺纱，绩麻诸事。即纺绩。　　帷房：内室。

译文

亲戚、朋友会面要盛情款待，老人、小孩的食物应该有所区别。妻妾、婢女要纺纱织布，管理好家务，还要恭敬尽心地服侍好男主人。

故事

"慈母"辛公义

辛公义，又称辛亚大将军，隋朝人。

公元600年，辛公义被任命为大将军，负责保护边境的平安，同时又任岷州刺史。

当时岷州人民的风俗非常落后，因为畏惧瘟疫，一旦家中有人得病，全家人都要避开。病人缺乏治疗，无人照顾，最后，大都病死了。

辛公义为了改变当地民俗，把凡是得病的人，都用车送到衙门，安置在走廊上。辛公义自己也设了一个床铺，日夜守候在那里，并且将自己所得的俸禄，全部拿来买药。因为辛公义的干预，病人大都获得痊愈。事后，辛公义还召见痊愈病人的家属，告诉他们照顾病人的道理，并指出病因不是什么瘟疫，病人的亲属都表示惭愧。多年以后，当地的百姓都称呼辛公义是"慈母"。

国学知识 陶渊明，字元亮（又一说名潜，字渊明），号五柳先生，东晋末期至南朝宋初期的著名诗人、文学家、辞赋家、散文家。浔阳柴桑人（今江西九江）。曾做过几年小官，后辞官回家，过着"躬耕自资"的生活。因其居住地门前栽种有五棵柳树，故被人称为五柳先生。陶渊明被公认为"隐逸诗人之宗"。其隐逸文化总的风格一是柔，二是淡，三是远。从古至今，有很多人喜欢陶渊明固守寒庐，寄意田园，超凡脱俗的人生哲学，以及他淡泊渺远，恬静自然，无与伦比的艺术风格。

千字文

wán shàn yuán jié　　yín zhú wěi huáng
纨扇圆絜，银烛炜煌。
zhòu mián xī mèi　　lán sǔn xiàng chuáng
昼眠夕寐，蓝笋象床。

注释

纨：很细的丝织品。　　絜："洁"之书面语。
炜煌：明亮。　　寐：睡眠。

译文

圆圆的绢扇，洁白素雅；银白的蜡烛，明亮辉煌。白天在蓝色的竹席上小憩，晚上在象牙床上安眠。

故事

名人效应

谢安是东晋时有名的大将军，他曾率领八万军队战胜了前秦的百万大军。

有一次，谢安的一位同乡被罢官后向他辞行。那位同乡说自己做官时十分清廉，有一次为了救助一对卖蒲扇的父女，倾囊买下了他们所有的蒲扇。现在要回乡了，路途遥远，身边除了这一万把蒲扇，已一无所有。谢安听了后对他十分敬佩，怎么帮助他呢？谢安灵机一动，便从中拿出一把蒲扇对同乡说："这把扇子先借给我用用。"于是，谢安在不同的场合都使用这把蒲扇。他谈笑风生，风度翩翩，一下子，这把蒲扇成了人们瞩目的焦点，那些崇拜谢安的人争着去买这种扇子。一时间，购买的人很多，扇子的价格也涨了几倍，那位同乡的扇子很快就被抢购一空，这样他回乡的路费也就筹足了。

刺　绣

就是用针将丝线或其他纤维、纱线按一定图案和色彩在绣料上穿刺，以缝迹构成花纹的装饰织物。它是用针和线把人的设计和制作添加在任何织物上的一种艺术。刺绣是中国民间传统手工艺之一，在中国有两三千年历史。中国刺绣主要有苏绣、湘绣、蜀绣和粤绣四大门类。刺绣主要用于生活和艺术装饰，如服装、床上用品、台布、舞台、艺术品装饰等。

xián gē jiǔ yàn　　jiē bēi jǔ shāng
弦歌酒宴，接杯举觞。
jiǎo shǒu dùn zú　　yuè yù qiě kāng
矫手顿足，悦豫且康。

注释

觞：酒杯。　　矫：举起。
悦豫：高兴、喜悦。

译文

奏着乐，唱着歌，摆酒开宴；举起酒杯，畅饮开怀。情不自禁地手舞足蹈，真是既快乐又安康。

故事

曲水流觞

王羲之是东晋时候著名的书法家，也是那时候的名士，他一生有许多的趣闻逸事。

有一年的三月三，那天天气晴朗，春风微拂。王羲之和他的朋友谢安、孙绰等名士共四十一人来到兰亭。他们在溪水的两边，席地而坐，把盛着美酒的酒杯放在水中。酒杯随着溪水向下流去，在谁的面前停住或者打转，就由这个人饮下这杯酒，再赋诗一首。

魏晋时期就已经把三月三定为上巳节。传说在上巳节沐浴能够祛除灾祸，人们就会在这一天结伴到水边沐浴。

后来上巳节的习俗越来越多。王羲之和朋友们在聚会时就想出这个"曲水流觞，饮酒赋诗"的游戏。

他们一边赏景饮酒，一边赋诗作文，后来，就把这些诗文结集在一起，王羲之还专门写了《兰亭集序》，成为千古盛传的名篇佳作。

杜 康

中国古代传说中的夏朝国君，姒姓，夏王相的儿子，是夏朝的第五位国王。杜康是中国用粮食酿酒的鼻祖，后作为美酒代称。曹操在《短歌行》中写道："慨当以慷，忧思难忘。何以解忧，唯有杜康。"

千字文

dí hòu sì xù　　jì sì zhēng cháng
嫡后嗣续，祭祀烝尝。
qǐ sǎng zài bài　　sǒng jù kǒng huáng
稽颡再拜，悚惧恐惶。

注释

嫡后：古时指正妻所生的儿子。
嗣：继承。　　**烝尝**：古时的冬祭与秋祭，这里代指四时祭祀。
稽颡：屈膝下拜，以额触地的一种跪拜礼，表示极度的虔诚和感恩。

译文

子孙一代一代传续，四时祭祀不能懈怠。跪拜再三，礼仪要周全，心意要恭敬虔诚，常怀敬畏感恩。

故事

刘邦敬父

汉高祖刘邦登上皇位后不久，就把父亲从家乡沛县接到长安，让他做了太上皇。

不料这位太上皇过惯了农家生活，对眼下皇宫里的奢华非常不习惯，没多久，他就因思虑过度，一病不起。刘邦弄清了老父亲的病因后，就带着庞大的卫队和仪仗队，浩浩荡荡地回到了故乡。当地的父老乡亲都来围观，流露出羡慕的神色。刘邦的父亲感到很欣慰，心情好了许多。

几天后，刘邦一行又回到了京城。他满以为这次为老父亲了却了心愿，不承想太上皇越发割舍不掉家乡了。于是，刘邦不惜重金，按照老家沛县阳里村的样子，在长安城里复制了一个"阳里村"。"阳里村"建好后，他把村民们全接到这里安顿下来，解决了太上皇的思乡之苦。

刘邦身为皇帝，还能这样孝敬老父，真是难能可贵。

天 坛

在北京故宫的东南方，占地273公顷。是明、清朝两代帝王冬至日时祭皇天上帝和正月上辛日行祈谷礼的地方。天坛建筑布局呈"回"字形，由两道坛墙分成内坛、外坛两大部分。最南的围墙呈方形，象征地，最北的围墙呈半圆形，象征天。北高南低，这既表示天高地低，又表示"天圆地方"。天坛的主要建筑物集中在内坛中轴线的南北两端，设计巧妙，色彩调和，建筑高超。

笺牒简要，顾答审详。
骸垢想浴，执热愿凉。

注释

笺：文书、书信。　　顾答：回答，回复。
骸：身体。

译文

给人的书信要写得简明扼要，回答别人的问题时要审慎周详。身上有了污垢，就想痛痛快快地洗个澡，手上拿着热、烫的东西就希望它能赶快凉下来。

故事

三纸无驴

古时候有一个读书人，自以为学问很高，常常在众人面前卖弄文采。人们貌似恭维实则讽刺地称他为"博士"，他听了也非常的高兴。

有一天，"博士"去街上买驴。按照当时的习惯，卖主应该写一张契约给买主。可是卖主是个老人，又不识字，"博士"就自告奋勇地替他写了起来。老人见他一连写了三大张纸，仍然没有停笔的意思，再看看天色已晚，想早点回家，便劝他少写几句。"博士"一听就生气地说："你这个粗俗之辈，急什么？我马上就写到"驴"字了！"

原来他写了半天，都还没有写到"驴"字，那三大张纸写的都是和买驴无关的废话。

《山海经》

中国先秦时代的重要古籍，是一部富于神话传说的、古老的奇书，传世版本共计18卷，包括《山经》5卷，《海经》13卷。内容包罗万象，主要记述古代神话、地理、动物、植物、矿产、巫术、宗教等，也包括古史、医药、民俗、民族等方面的内容，其中的矿物记录，是世界上最早的。

千字文

lú luó dú tè　　hài yuè chāo xiāng
驴骡犊特，骇跃超骧。
zhū zhǎn zéi dào　　bǔ huò pàn wáng
诛斩贼盗，捕获叛亡。

注释

骡：骡子。　　**犊**：小牛。
特：大公牛。　　**骧**：马抬起头快跑。
诛：杀死，铲除。

译文

驴子、骡子等大小牲口如果受惊，狂蹦乱跳，奔跑的速度会超过马。官府要诛杀盗贼，逮捕叛乱分子和亡命之徒。

故事

以盗治盗

汉朝宣帝的时候，都城长安的小偷很多，给人们带来很多的苦恼。有一个叫张敞的人担任了京兆尹，得知情况，就到民间查访。

百姓告诉他，有几个头目控制着长安城中的所有小偷，如果将这几个头目抓获，其他的小偷就好解决了。

张敞将这几个头目的情况摸清楚后，便派人将他们抓到了衙门里。张敞历数他们的种种罪行，几个头目纷纷认罪。于是张敞又让他们戴罪立功。

一天，几个头目在家中大摆筵席。众小偷都来贺喜，喝得酩酊大醉，几个头目趁机在小偷们的衣服上做了记号。宴席散了以后，张敞派人在街头巷尾盘查，凡遇到衣服上有特殊记号的就逮捕起来，就这样抓住了小偷几百人，从此，长安城的小偷绝迹了。

三山五岳

古代"三山"指传说中的蓬莱、瀛洲、方丈三山，现在一般以游旅胜地雁荡山、庐山、黄山合称为三山。五岳指东岳泰山、西岳华山、南岳衡山、中岳嵩山、北岳恒山。

布射僚丸，嵇琴阮啸。
恬笔伦纸，钧巧任钓。

注释

布：吕布。东汉末年人，善骑射。
僚：熊宜僚。春秋时楚国人，善于弹丸。
嵇：三国时的嵇康，善弹琴咏诗。　阮：三国时的阮籍。善于长啸。
恬：蒙恬。相传是毛笔的发明者。　伦：蔡伦，是纸的发明者。
钧：马钧。三国时人，曾制作指南针和龙骨水车。
任：任公子。善于钓鱼。

译文

吕布善于射箭，熊宜僚善玩弹丸，嵇康善于弹琴，阮籍善于撮口长啸。蒙恬制造了毛笔，蔡伦发明了纸张，马钧发明指南针，任公子善于钓大鱼。

故事

蔡伦造纸

东汉人蔡伦改进了当时的造纸技术，被公认为中国古代四大发明中造纸术的发明人。

汉明帝时，蔡伦进皇宫里当了太监，他先是掌管皇宫内院事务，后来成为监制各种御用器物的皇家工场的负责人。

平时,蔡伦看皇帝每日批阅大量简牍帛书,劳神费力,就时时想着能制造一种更简便廉价的书写材料,让天下的文书都变得轻便。

有一天,蔡伦带着几名小太监出城游玩,来到了离城不远的一条河的河边。只见河水清澈,两岸树茂草丰、鸟语花香,景色宜人。正赏景时,蔡伦见溪水中积聚了一簇枯枝,上面挂浮着一层薄薄的白色絮状物,不由眼睛一亮,蹲下身去,用树枝挑起细看。只见这东西扯扯挂挂,犹如丝绵。

蔡伦想起工场里制作丝绵时,茧丝漂洗完后,总有一些残絮遗留在篾席上。篾席晾干后,那上面就附着一层由残絮交织成的薄片,揭下来,写字十分方便。蔡伦忽然又想到,溪中这东西和那残絮十分相似,也不知是什么东西。

他立即命小太监找来河旁的农夫询问。农夫说："这是涨河时冲下来的树皮、烂麻，扭一块儿了，又冲又泡，又沤又晒，就成了这烂絮！"

"这是什么树皮？"蔡伦急切地问。

"那不，岸边的树呗！"农夫答道。

蔡伦望去，满眼绿色，脸上漾起笑意。

几天后，蔡伦率领几名皇室作坊中的技工来到这里，利用丰富的水源和树木，开始了试制纸张的工程。他们剥树皮，捣碎、泡烂，再加入麻缕，制成稀浆，用竹篾捞出薄薄的一层晾干，揭下，便造出了最初的纸。但一试用，发现容易破烂。蔡伦他们又将破布、烂鱼网捣碎，将制丝时遗留的残絮，掺进浆中，这样再制成的纸便不容易扯破了。为了加快造纸进度，蔡伦又指挥大家盖起了烘焙房，湿纸上墙烘干，不仅干得快，且纸张平整，大家心里乐开了花。

后来，蔡伦的纸越造越好，能厚能薄，质地好，又有韧性，人们把这种新的书写材料称作"蔡侯纸"。

文房四宝

中国独有的文书工具，即笔、墨、纸、砚。文房四宝之名，起源于南北朝时期。在南唐时，"文房四宝"特指诸葛笔、徽州李廷圭墨、澄心堂纸，婺源龙尾砚。自宋朝以来"文房四宝"则特指湖笔（浙江湖州）、徽墨（安徽歙县）、宣纸（安徽泾县）、端砚（广东肇庆）和歙砚（安徽歙县）。

shì fēn lì sú　　bìng jiē jiā miào
释纷利俗，并皆佳妙。
máo shī shū zī　　gōng pín yán xiào
毛施淑姿，工颦妍笑。

注释

释纷：解决纠纷。　　毛：毛嫱，古代美女。
施：西施，古代美女。　工：善。
颦：皱眉。　　妍：美丽。

译文

为人们解决纠纷和带来便利，都是值得称赞的行为。毛嫱、西施，姿容姣美，她们的一颦一笑，都是那样的美丽动人。

故事

东施效颦

西施是中国历史上的"四大美女"之一，是春秋时期越国人，她的一举一动都十分吸引人，只可惜她的身体不好，有心痛的毛病。

有一次，她在河边洗完衣服准备回家，就在回家的路上，突然胸口疼痛，所以她就用手扶住胸口，皱着眉头。虽然她的样子非常难受不舒服，但是见到的村民们却都在称赞，说她这样比平时更美丽。

千字文

同村有位名叫东施的女孩,但她的长相并不好看。她看到村里的人都夸赞西施用手扶住胸口的样子很美丽,于是也学着西施的样子扶住胸口,皱着眉头,在人们面前慢慢地走动,以为这样就有人称赞她。她本来就长得丑,再加上刻意地模仿西施的动作,装腔作势的怪样子,让人更加厌恶。有人看到她之后,赶紧关上大门;有些人则是急忙拉着妻子和孩子躲得远远的,他们比以前更加瞧不起东施了!

国学知识

二十四节气歌

春雨惊春清谷天,夏满芒夏暑相连。
秋处露秋寒霜降,冬雪雪冬小大寒。

年矢每催,曦晖朗曜。
璇玑悬斡,晦魄环照。
指薪修祜,永绥吉劭。

注释

年矢:比喻光阴似箭。　　**曜**:日光照耀。
璇玑:北斗七星中的第四星,这里指代北斗七星。　　**斡**:旋转。
魄:月亮初升和将落时的微光。
指薪:比喻人的肉体会死亡,而人类的道德精神是延续无穷的。
祜:福;大福。　　**绥**:平安,安抚。
劭:美好(多指道德品质)。

译文

　　光阴似箭,岁月匆匆催人老,只有太阳的光辉永远朗照。斗转星移,月升月落,循环往复。像薪火相传那样修德积福,就会永远吉祥平安。

故事

小张衡数星星

　　晚上,满天的星星像明珠一样闪亮。一个孩子坐在

千字文

院子里，靠着奶奶，仰起头，对着夜空数星星。一颗，两颗，一直数到了几百颗。奶奶笑着说："傻孩子，又在数星星了。那么多星星，一闪一闪地乱动，眼都看花了，你能数得清吗？"孩子说："奶奶，我能数得清。星星是在动，可不是乱动。您看，这颗星星和那颗星星，总是离那么远。"爷爷走过来，说："孩子，你看得很仔细。天上的星星是在动，可是它们间的距离是不变的。我们的祖先把它们分成一组一组的，还给它们起了名字。"爷爷停了停，指着北边的天空，说："你看，那七颗星连起来像一把勺子叫北斗星。勺口对着的一颗亮星，就是北极星。北斗星总是绕着北极星转。"

爷爷说的话是真的吗？这孩子一夜没睡好，几次起来看星星。他看清楚了北斗星果然绕着北极星慢慢地转动。这个数星星的孩子叫张衡，他长大后刻苦钻研天文，成了我国东汉时期伟大的天文学家，为天文学的发展做出了不可磨灭的贡献；在数学、地理、绘画和文学等方面，张衡也表现出了非凡的才能和广博的学识。

张衡观测记录了两千五百颗恒星，创制了世界上第一架能比较准确地表演天象的漏水转浑天仪，第一架测试地震的仪器——候风地动仪。

学知识　中国五大传统节日：春节、清明、端午、中秋、重阳。

矩步引领，俯仰廊庙。
束带矜庄，徘徊瞻眺。

注释

矩步：方步。　　引领：伸着脖子。
束带：整理好衣冠。　　矜庄：端庄恭敬。

译文

不论是在家里还是在朝堂廊庙，行路要昂首挺胸，衣着与举止要庄重、矜持，或走动或观瞻，都要从容大方。

故事

赵武灵王改革

战国时期，赵武灵王一心想着发愤图强。

他对谋士楼缓说："我国东面有齐国、中山国，北边有燕国、林胡，西边有秦国、韩国和楼烦部族。如果不发愤图强，加紧军事装备，随时会被邻国偷袭过来。要发愤图强，就得采取军事改革措施。我觉得咱们穿的服装，长袍大褂宽袖口，干活打仗，都不太方便，不如胡人短衣窄袖，脚穿皮靴子，行动方便灵活。我打算仿照胡人的风俗，把服装改一改，你看怎么样？"

谋士楼缓听了很赞成，说："咱们仿照胡人的服饰，就能学习他们打仗的本领。"赵武灵王说："对呀！咱们打仗全靠步兵，进攻冲锋缓慢，就是打败游牧族骑兵，在追击的时候，他们骑马跑得快，我们也很难追上他们；即使马拉战车，道路不好走，也是追不上他们；我们学习胡人的服饰，也要学习胡人那样骑马射箭。"这个改革议论一经传开，就遭到不少大臣反对。

赵武灵王再找来军事将领肥义商量，说："我想用胡服骑射来改革咱们国家军队的服装和装备，可是，有人反对，怎么办？"肥义将军说："服装与装备的改革关系到国家的安危，要办大事不能犹豫，犹豫不决就办不成大事。大王既然认为这样做对国家有利，何必担心几个人反

对呢？"赵武灵王听了很高兴，说："我看讥笑改革而反对我的是些蠢人，明白道理的人都会赞成这样的军事改革。"

于是，赵武灵王在将军肥义等人的支持下，下令全国的国民改穿胡人的服装。因为胡服在日常生活中的便利，很快得到人民的支持。不到一年，赵国又训练了一支强大的骑兵队。赵国的国力从此兴盛强大起来，可以抗衡当时的霸主国了。

太 庙

学知识 中国古代皇帝的宗庙。太庙在夏朝时称为"世室"，殷商时称为"重屋"，周称为"明堂"，秦汉时起称为"太庙"。最早太庙只是供奉皇帝先祖的地方。后来皇后和功臣的神位在皇帝的批准下也可以被供奉在太庙。北京天安门广场东北侧的太庙是明、清两代皇帝祭奠祖先的家庙，占地二百余亩，是根据古代"敬天法祖"的传统礼制建造的，平面呈长方形，南北长475米，东西宽294米，共有三重围墙，由前、中、后三大殿构成三层封闭式庭园。

千字文

gū lòu guǎ wén　yú méng děng qiào
孤陋寡闻，愚蒙等诮。

wèi yǔ zhù zhě　yān zāi hū yě
谓语助者，焉哉乎也。

注释

诮：讥讽、嘲讽。

译文

我深知自己学识浅薄，愚昧无知，难以回复圣命，只有等着圣上责备。我的知识也不过就是知道点"焉""哉""乎""也"这样的一些语气助词而已。

知识

《千字文》由一千个不重复的汉字组成，我们今天看到全文有六个字是重复的，但在古代这几个重字的写法是不一样的。下面是《千字文》重字表：

"发"：周发殷汤；盖此身发
"巨"：剑号巨阙；巨野洞庭
"昆"：玉出昆冈；昆池碣石
"戚"：戚谢欢招；亲戚故旧
"云"：云腾致雨；禅主云亭
"资"：资父事君；务资稼穑